BRAM STOKER

EL INVITADO DE DRÁCULA

Y OTRAS HISTORIAS DE TERROR

•FONTANA•

BRAM STOKER

EL INVITADO DE DRÁCULA

Y OTRAS HISTORIAS DE TERROR

TRADUCCIÓN:

J. L. SADA

PRÓLOGO Y PRESENTACIÓN:

FRANCESC LLUIS CARDONA,

Doctor en Historia y Catedrático

BookTrade

EL INVITADO DE DRÁCULA
Y OTRAS HISTORIAS DE TERROR, Bram Stoker

Prólogo / Presentación: Francesc Lluis Cardona
Traducción: J. L. Sada
Diseño gráfico / Ilustración portada: Daniel Jurado

Edita: Olmak Trade S.L.
C/ Roca Plana 1
08110 - Montcada i Reixac
Barcelona (España)

www.olmaktrade.com
info@olmaktrade.com

@O_BookTrade
#ClásicosFontana

Impreso en España / Printed in Spain

I.S.B.N: 978-84-10109-86-5
Depósito Legal: B 10093-2024

Estudio preliminar

Bram Stoker:
el hombre y su mundo

Abraham (Bram) Stoker nació el 8 de noviembre de 1847 en Clontarf, pueblo norteño del área metropolitana de Dublín. Probablemente, para atraer la atención de su madre Charlotte Thornley, feminista militante, «no quiso» caminar hasta los siete años. Así en el regazo materno, todavía joven, se hartó de escuchar espeluznantes historias que aquélla le contaba sobre las epidemias y la pobreza que azotaban Irlanda. La última, había terminado con la cosecha de la patata y había hecho emigrar, en especial a los EE.UU, miles y miles de irlandeses.

El padre del futuro novelista, Abraham, era un funcionario de poca monta, miembro de la denominada «ascendencia protestante» que gobernaba despóticamente Irlanda en nombre de la corona británica.

No lejos de la casa de los Stoker se hallaba el cementerio reservado para los suicidas, los cuales frecuentemente eran enterrados atravesados por una estaca, en la creencia de que así el espíritu no podía escapar y molestar a los vivos. Alrededor del lugar pululaban pordioseros miserables, a veces, modernos violadores de tumbas, en busca de algo que les sirviera como abrigo o para vender y mitigar su hambre.

Después de los siete años, Stoker se cansó de su manía estática y decidió caminar. Entonces creció alto y robusto, con unos ojos grises muy atractivos y un pelo rojizo muy singular. Su carácter fue jovial y adoraba el deporte. Sólo sus dos hermanos, menores que él, vinieron a ofuscar —según algunos autores— su felicidad, «celos edípicos» que reflejaría en el deseo de eliminarles a través de su *Drácula*.

Entre 1863 y 1871 realizó estudios universitarios en el famoso Trinity College de Dublín, no apto para alumnos católicos. Gran orador, fue un experto en debates sobre literatura y política.

Año tras año, se aficionó al teatro gracias a las facilidades que para ellos le ofreció su padre. Admiró al poeta norteamericano Walt Whitman, al gran campeón de la democracia y del amor fraterno hasta el punto de que solicitó cartearse con él, cosa a la que accedió gustoso el gran estadounidense.

En 1867 había visto actuar por primera vez en un teatro a Henry Irving.* Cuatro años más tarde repitió experiencia, pero ante el escaso eco que tuvo en la prensa irlandesa aquella representación, Stoker clamó por tal injusticia en el *Evening Mail,* de tal manera, que agradó a la redacción del periódico y fue admitido en ella, sin sueldo, como crítico teatral durante cinco años.

Al igual que su padre entró a trabajar como funcionario sin dejar de escribir a toda velocidad artículos periodísticos poco cuidados que llevaba antes del cierre de la edición.

En 1875 consiguió publicar sus primeros cuentos denominados de *estilo gótico* por transcurrir, en general, en tétricos y fríos castillos medievales con un argumento terrorífico y un estilo posromántico.

Los padres de Oscar Wilde le dieron toda clase de facilidades para que consultara la biblioteca de su castillo y Sir

* Su auténtico nombre era el de John Henry Brodrible.

Willian Wilde, el progenitor, le enseñó mucho sobre leyendas de vampiros irlandeses. Pero la muerte de éste y la de su padre, le dejaron sin el apoyo moral que necesitaba.

Cautivado por la personalidad de Henry Irving entró a su servicio como mentor de sus representaciones teatrales. Paralelamente, se casó con Florence Balcombe, once años más joven que él y que había sido el primer amor de Oscar Wilde, condiscípulo de Bram, en el Trinity College.

Gracias a Stoker, Irving convirtió el Lyceum de Londres en el teatro más prestigioso del Imperio durante los 27 años que duró su colaboración. Stoker fue el auténtico «Cyrano» que escribió los discurso y cartas que luego Irving firmaba. Incluso fue el inventor de la venta de localidades anticipadas.

Mientras en el teatro consumía gran parte del tiempo y la energía de Stoker, la bella Florence se aburría en casa. Tuvo un hijo a quien las circunstancias obligaron a bautizar como Irving, pero más tarde, se llamó con su segundo nombre *Noel* Stoker, harto ya de los malos recuerdos que le traía la tiránica relación entre el actor teatral y su padre.

¿Fue frígida Florence?, o ¿fue la hipócrita moral victoriana la que la obligaba a obrar de aquella manera? Mientras su pudibundo marido durante el día, se transformaba en un libertino nocturno que buscaba satisfacción en otros brazos hasta arruinar su salud (murió sifilítico), ni más ni menos a semejanza de la conducta del «inmortal» protagonista de su novela.

En 1883 el Lyceum marchó de gira por los EE.UU y Canadá, Stoker conoció al presidente de la joven nación Chester Arthur y entabló una gran amistad con Mark Twain, pero lo que más colmó su espíritu fue el conocer personalmente al ya anciano Walt Whitman, al que tanto admiraba.

A los 39 años, Stoker realizó en cuatro, la carrera de abogado. Deseaba asegurar su futuro por si el Lyceum fallaba. No ejerció nunca, pero en la biblioteca del Colegio (Inner Temple) obtuvo mucho material para su *Drácula.*

Los últimos años del siglo XIX asintieron —como en la centuria presente— a una proliferación de las ciencias ocultas así como de las teorías psicoanalíticas del médico vienés Sigmund Freud. En 1888 la sociedad londinense se hallaba en vilo por los crímenes de Jack el Destripador y las sociedades secretas como la *Hermetic Order of Golden Dawn* a la que quizás perteneció Stoker, W.B. Yeats y la mujer de Oscar Wilde, estaban a la orden del día.

En 1890, Stoker premió a su familia con unas vacaciones en el pueblo de Whitby del litoral de Jorkshire. Fue en su biblioteca en donde encontró un libro de un tal Willian Wilkinson sobre la Transilvania y los Cárpatos. A lo largo de su relato, un nombre le llamó la atención, *Drácula.* Había encontrado su «Camino de Damasco». A partir de entonces, Stoker puso febrilmente manos a una obra que acabaría siete años más tarde.

El invitado de Drácula y otras historias de terror

La obra fue publicada por primera vez en 1914 por la mujer de Stoker, Florence, dos años después de su muerte. Se trata de una recopilación de relatos cortos de terror encabezados por el que da título a la colección que como indica la propia Florence, se trataba de uno de los capítulos de su famosa novela que Bram dejó al margen por la larga extensión de aquella.

La mayor parte de ellos son relatos de juventud ya aparecidos, la mayoría de ellos en publicaciones periódicas inglesas o estadounidenses de las que como dice Florence, "si su esposo hubiera vivido a buen seguro hubiera revisado", ya que desgraciadamente no ha podido ser así, los publica tal cual los escribió Bram.

Es cierto que al lado de su gran obra con su mítico protagonista, estas historias han quedado eclipsadas, pero es necesario divulgarlas entre el público mayoritario para que éste se de cuenta que Bram, además de su gran inspiración, tuvo espacio para otras de variados temas, aunque el terror como denominador común que vale la pena que sean conocidas y que reivindicamos como precursoras de la vasta producción de H. P. Lovecraft dentro de la línea de su compatriota Sheridan LeFanu y del norteamericano Edgar Allan Poe.

Sin embargo, como leerá con atención el apasionado lector, no todos los relatos de Stoker terminan mal. En algunos sus protagonistas se salvan de un fatal destino y en alguno de ellos "son los malos los que sucumben". La temática es multifacética y variada, así como los escenarios en donde tienen lugar. Escenarios diversos que Stoker describe maravillosamente en el aspecto físico y geográfico. Un paisaje que alcanza el sello de lo poético, pero que debido a los argumentos en que se ve inmerso se torna hostil, pero que atrapa al lector hasta su desenlace.

Por otra parte, se echa de ver desde un principio la afición al teatro de Stoker y el apoyo a ésta que le prestó Henri Irving (John Henry Brodribb) así como su colega en el Trinity College de Dublín, Oscar Wilde, con cuya primera novia de éste, Florence, casaría Bram (o Abraham).

Así por ejemplo, ¿quién no verá después de su lectura de "La Casa el juez" un libreto para las tablas o la visita a la

"Torre de Torturas" de Nuremberg, ideal en la actualidad para ser la base de un "Parque temático"?

Y un tema siempre de actualidad como "La Profecía Gitana" o inesperados retornos como el de Abel Behenna con el gran trastorno que éste comporta cuando la situación parecía estar solucionada.

Los lobos y las ratas son los animales demoníacos preferidos por Stoker (junto con el Vampiro), quizás se haya dejado uno que también lo es por motivos bíblicos: la serpiente. Pero con los dos primeros juega maravillosamente en sus dos historias: "El invitado de Drácula" y "El entierro de las ratas". Su estilo es mgnífico, precioso, aunque a veces puede parecer demasiado abrupto, lo cual no deja de ser impresionante en cuanto al manejo de la historia y a su desenlace, al que siempre habría que buscar una moraleja contra el engreimiento, la envidia, la avaricia, la valentía mal entendida, etc. Dentro de unas historias góticas, pero muy humanas.

Eso es lo que diferencia las historias terroríficas de Stoker de las de Poe o Lovecraft, que la mayoría de ellas son historias que pueden ser verídicas o reales y humanas, sobre todo humanas, muy humanas incluso las pinceladas oníricas que planean sobre algunas. No son historias de otra dimensión, excepto quizás el desdoble de personalidad de la última: "Las arenas de Crooken". Asímismo, salvo quizás los orígenes del "Invitado", su mitología y doctrina religiosa es la cristiana no se inventa ninguna otra, ni hay extraterrestres que valgan. En "La casa del juez" austrinos al regreso de éste desde ultratumba, o bien que por sus fechorías no ha podido conseguir el descanso eterno y continúa realizándolas, "porque este era su oficio".

En cuanto al "Invitado", está relacionado con la "Noche de Walpurgis" y ahora que se ha extendido la fiesta de Halloween es interesante relacionarlas.

La base de ellas es la festividad celta de Samhain del 5 al 7 de noviembre en la que se honraba a los espíritus y con la que se relaciona la Santa Campaña gallega y el Ejército Furioso de Normandía. Con la fiesta de Sanhain irlandesa (celta) se iniciaba el Año Nuevo.

La Noche de Walpurgis del 1 de mayo es una conmemoración alemana relacionada con Santa Walburga o Walpurgis religiosa benedictina inglesa nacida en Sussex, 710 - Heidensheim, 779). Fue llamada a Alemania después de su profesión religiosa por San Bonifacio. Su hermano Winibaldo le confió la dirección del convento de Heidensheim que él había fundado.

Su cuerpo fue trasladado a finales del siglo IX a la iglesia de Eichtätt que tomó el nombre de Santa Walburga.

Su fiesta está relacionada con la de Halloween y la de Samhain porque se creía que aquella noche los hechiceros y los demonios se daban cita en el Blockberg. Goethe también la menciona en el "Fausto".

Vamos a repasar alguna de sus historias sin prejuicio de que el final sea para el lector cautivado por su lectura.

¿Por qué el título de "El invitado de Drácula"? Sin duda porque debía acompañar a su magna obra, aunque después decidiera por la extensión de ésta dejarla al margen y por la tensión demoníaca de aquella noche en la que "todo lo maligno originado en la tierra, el aire y el agua" campa por sus respetos (curiosamente, no habla del "cuarto elemento", el fuego, siendo éste el más afin al demonio). Pero lo que intenta resaltar Stoker es el frío de aquella noche y la aparición de ¿un lobo? (Stoker conocía también la leyenda del "lobo humanizado") ¿Quién había enviado la misiva? ¿Drácula? (¿el demonio?)

"La casa del juez": una casa encantada, fantasmagórica en la que su dueño es un juez que no desea que nadie la habite y que con su brutal justicia regresa desde los pasados siglos para impedirlo. ¿Se trata del mismo diablo? y donde las ratas hacen su aparición.

"La Squaw": Una pareja de recién casados visita Nuremberg (Stoker sentía predilección por visitar Alemania) acompañados de un norteamericano ávido de mostrar las excelencias de su raza frente a los ingleses. La palabra "Squaw" que da origen al título de la historia debe referirse a la recién casada, ("squaw", piel roja = muchacha o esposa o las muchachas indias a las que se refiere el norteamericano de su país) ¿o se refiere a la muerte? Leída la historia no entendemos como "de resultas de aquella experiencia Amelia (la protagonista) recomendaba a todas sus amigas llevarse a un amigo en la luna de miel". ¿Sería porque así "lo podría esvoger a priori y no ser el intruso norteamericano? La venganza de la gata está totalmente justificada...

Stoker hace de Nuremberg una preciosa ciudad (como lo es) pero "controvertida". Más controvertida si al lado de su narración pusiéramos la de Ortega y Gasset sobre sus preciosas fuentes.

Y más controvertida después, por todo lo que pasará en ella. Pero en la actualidad continúa teniendo su encanto y en una visita que realizamos a ella, desde su reconstruída ciudadela recordé la historia de Stoker.

"El secreto del oro creciente" es la apasionante historia de una pelea familiar. Recordemos que la palabra "cottage" en inglés significa algo así como "casa de campo familiar", "masía", "chalet", etc. El argumento de esta obra sí que es digno para un "libretto" de ópera.

"La profecía gitana": El mundo gitano ha interesado siempre al campo de la novelística y su interés por la adivinación del destino más. Stoker no se ha olvidado de ello en esta atractiva historia que sume al lector en el "suspense" hasta el final.

Una disputa por una muchacha es la base del argumento del "Retorno de Abel Behenna", un retorno que para más inseguridad en aquel tiempo se ha de producir por mar. La intervención de la futura suegra parece decisiva, pero...

Uno de los aciertos de Stoker es la descripción pormenorizada y real de los agentes atmosféricos.

"El entierro de las ratas": La historia tiene lugar en París. Por aquella época, París estaba de moda gracias a escritores como Victor Hugo, Alejandro Dumas, Eugène Sue, Guy de Maupassant, Honoré de Balzac, Émile Zola... así como por las reformas urbanísticas del Barón de Haussman.

Por aquel entonces destacaba la actuación de los llamados "traperos" (*chiffaniers*) que con sus carromatos iban urgando por los montones de basura depositados en un barrio concreto de la ciudad para ver si encontraban algo útil para la venta. Ni más ni menos que lo que hacen los actuales "hojalateros" con sus carritos de supermercado en los "contenedores".

Pero antaño en París la situación era mucho más tenebrosa. Chiffonier significa "trapero", pero en realidad los que esto hacían eran los "basureros". Después de la guerra cuando el que esto escribe era joven, pasaba por Barcelona una persona que anunciaba: "¡El drapaire conill!" ("¡El trapero conejo!") y se llevaba en un carro todo lo viejo que se podía vender por unas pesetas. En Madrid se llamaba "chamarilero" y también "chatarrero". Lo de "conill" es porque llevaba colgadas en un palo unas pieles de conejo.

Pero volvamos a París, que también nos lo conocemos muy bien por haberlo visitado muchas veces.

Precisamente la primera vez que estuve fue en el año 1957. Tenía 17 años y lo hice en un campo de trabajo para estudiantes regentado por la Orden del Abbé Pierre o "Traperos de Emaús". Nos dedicábamos a las afueras de París a ayudar a los albañiles a construir casas para los damnificados todavía de la 2ª Guerra Mundial y pobres, y así, nos pagábamos la estancia. Eso de "traperos", tenía una similitud con antaño porque el barrio en donde estábamos estaba lleno de chatarreros y curiosamente había unos autobuses viejos desvencijados que servían de dormitorio a los pobres (el lector lo comparará a los "armarios" de la historia). El barrio era un barrio degradado en construcción de viviendas sociales y con una especie de "Rastro" de venta de objetos encontrados de segunda mano. La similitud con el barrio descrito por Stoker (aunque éste mucho peor por la época) es evidente (en Londres, como describe Charles Dickens, tres cuartos de lo mismo). Pero pensemos que en pleno siglo XX no teníamos inodoros, sino una especie de "letrinas".

En el barrio parisino dejado de la mano de Dios es importante la actitud además del protagonista, de la vieja antagonista, y de sus colaboradores junto con unos seres que ponen punto final al relato: las ratas.

"El sueño de las manos rojas": Es la historia más plenamente onírica de la serie. Desde muy antiguo, el sueño y los sueños han sido motivo de especulación, a menudo cargados de fantasía. Recordemos a este respecto los sueños del Faraón descifrados por José en la Biblia. Los estudios de Pavlov sobre el sistema nervioso central estarían pronto al llegar y los de Freud se desarrollarían más tarde, pero Stoker sabe jugar con los sueños de su personaje hasta su redención.

En la última de las historias, Stoker pone de manifiesto su gusto por la ironía que protagoniza "Las arenas de Cooken". Una ironía que en la actualidad con el gusto que existe por volver a los orígenes, estamos seguros que no se produciría o máximo se diría que el Sr. Markam había prolongado el Carnaval durante las vacaciones de verano, dejando a un lado su pavonería por vestir el traje típico escocés. También sale a relucir la predilección del protagonista por los fenómenos del sueño así como por el desdoblamiento de personalidad, fenómeno premonitorio propio del psicoanálisis, pero lo que le interesa a Stoker es revelar: "el misterio continúa"...

Con sus "historias", Stoker promocionó el turismo que por aquella época iniciaba su brillante desarrollo. Alentó a visitar los lugares que visitan sus héroes, aunque también avisa de los peligros. La lástima es que de su viaje realizado en 1883 a los EE. UU. y Canadá no surgiera alguna otra historia porque temática tenía y mucha, y su amigo Mark Twain le podía haber inducido a ello.

Pero ya que no podemos gozar de ellos, hagámoslo con las que nos deparó de Europa incluídas las de Inglaterra en donde en la biblioteca de Yorkshire encontró suficiente material para crear su gran héroe de Transilvania y los Cárpatos.

Francesc LLuis Cardona

El invitado de Drácula

y otras historias de terror

BRAM STOKER

Pocos meses antes de su penosa muerte —podría decirse que cuando la sombra de la muerte ya se cernía sobre él—, mi esposo planificó la publicación de tres colecciones de relatos, siendo el presente libro una de ellas. A la lista primera de relatos de este volumen, he añadido un capítulo de Drácula inédito hasta el momento. Fue descartado de la novela por la larga extensión de esta, pero puede ser de interés para los lectores de la que se considera la obra más importante de mi esposo. El resto de relatos ya han salido en publicaciones periódicas inglesas o estadounidenses. Si mi esposo hubiera vivido más tiempo, podría haber considerado imprescindible la revisión de esta obra, habiendo sido escrita en su mayor parte en la juventud de su atareada vida. Pero habiéndome confiado el destino su publicación, me parece más necesario y apropiado ofrecer estos relatos prácticamente tal como él los escribió.

FLORENCE BRAM STOKER

El invitado de Drácula

Al iniciar nuestro paseo el sol brillaba en Múnich y se respiraba en el aire la alegría propia del comienzo del verano. Cuando estábamos a punto de partir, Herr Delbrück (el maître d'hotel del Quatre Saisons, donde yo me hospedaba) se acercó, con la cabeza descubierta, al carruaje y, después de desearme un paseo agradable, dijo al cochero, sin soltar todavía la manilla de la puerta:

—Recuerde estar de regreso antes de medianoche. El cielo parece despejado pero en el viento del norte hay un frescor que probablemente sea aviso de una tormenta repentina. Aunque estoy seguro de que no regresará usted tarde. —Dicho esto sonrió y añadió—: Ya sabe qué noche es hoy.

Johann contestó con un enfático: «Ja, mein Herr», y, tocándose el sombrero, se puso en marcha con rapidez. Cuando dejamos atrás la ciudad le dije, tras hacerle una seña para que se detuviera:

—Dígame, Johann, ¿qué noche es hoy?

Se santiguó mientras contestaba brevemente:

—Walpurgis-Nacht.

Seguidamente sacó su reloj, un viejo artefacto alemán grande como un nabo y lo miró juntando las cejas y con un corto y nervioso encogimiento de hombros. Me di cuenta de que era su modo de protestar cortésmente por aquel retraso innecesario, así que volví a meterme en el carruaje haciéndole una señal para que continuara. Se puso en marcha con presteza, como si quisiera recuperar el tiempo perdido. De trecho en trecho los caballos estiraban el cuello y olfateaban con sospecha el aire. En tales momentos yo miraba inquieto a mi alrededor. La carretera estaba desierta, pues atravesábamos un tipo de meseta alta y fustigada por el viento. Mientras avanzábamos descubrí un camino con aspecto de estar poco transitado y que se adentraba en un valle pequeño y ventoso. Resultaba tan tentador que, aun con el peligro de molestarlo, pedí a Johann que se detuviera, y cuando hubo tirado de las riendas le expuse que me gustaría continuar por aquel camino. Presentó toda clase de excusas y se santiguó varias veces mientras hablaba. Esto me azuzó la curiosidad y le hice algunas preguntas. Contestó con excusas, sin dejar de consultar su reloj en forma de protesta. Por último dije:

—Johann, quiero entrar por ese camino. No le obligaré si de verdad no lo desea, pero dígame por qué no le gusta, es todo lo que le pido.

Antes de contestar una palabra, pareció que saltaba del pescante, tan deprisa como bajó al suelo. Me tendió las manos como suplicante y me rogó no entrar por allí. Había entre su alemán el inglés preciso intercalado para que yo entendiera el significado de su discurso. Parecía siempre a punto de decirme algo, lo que de veras le atormentaba, pero se frenaba cada vez, limitándose a exclamar, mientras se santiguaba: «Walpurgis-Natch!».

Intenté razonar con él, pero era difícil hacerlo con un hombre cuyo idioma yo hablaba. Él jugaba con ventaja porque, aunque arrancaba hablando en inglés, un inglés muy primitivo y entrecortado, siempre terminaba agitándose y volviendo a su idioma, y cada vez que lo hacía consultaba el reloj. Los caballos se pusieron nerviosos y olfatearon el aire. Cuando esto ocurrió, el cochero se puso lívido y, mirando asustado a su entorno, corrió a cogerlos por las bridas y los hizo avanzar unos veinte pies. Lo seguí y le pregunté por qué había hecho tal cosa. A modo de contestación se santiguó, indicó el lugar del que acabábamos de apartarnos y acercó el carruaje al otro camino. Señalándome una cruz manifestó, primero en alemán y después en inglés:

—Enterrado. Uno que se suicidó.

Recordé la vieja costumbre de enterrar a los suicidas en los cruces de caminos.

—Entiendo, un suicida. ¡Qué interesante!

Pero aunque me fuera la vida en ello no podría decir qué era lo que asustaba a los caballos.

Mientras charlábamos escuchamos un sonido a medio camino entre un gañido y un ladrido. Sonó muy lejos, pero los caballos se asustaron mucho y a Johann le llevó un buen rato calmarlos. El cochero estaba muy lívido.

—Parece un lobo. Pero aquí ya no hay lobos.

—¿De veras? —pregunté—. ¿No es verdad que hace mucho que no se ven tan próximos a la ciudad?

—Hace mucho mucho tiempo —contestó—, sobre todo en primavera y verano; pero con nieve se han visto lobos hace poco.

Mientras el cochero acariciaba a los caballos intentando sosegarlos, unas nubes oscuras aparecían por el cielo. Se ocultó el sol y llegó un soplo frío. Sin embargo, no fue más que una ráfaga de aire, y más parecido a una advertencia que a un hecho consumado, ya que enseguida el sol volvió a brillar con toda su fuerza. Johann observó el horizonte colocando la mano a modo de visera y dijo:

—Tormenta de nieve llegar rápido.

Volvió a consultar el reloj y, de la misma, aferrando las riendas, pues los caballos seguían pateando incansables el suelo y agitando la cabeza, trepó al pescante como si fuera hora de reanudar la marcha.

Fui un poco empecinado y no entré en el carruaje.

—Explícame a dónde lleva ese camino —dije indicándole en aquella dirección.

Una vez más se santiguó y musitó una oración antes de contestar: «Está maldito».

—¿Qué está maldito?

—El pueblo.

—¿Entonces existe un pueblo?

—No, no. Desde cientos de años está vacío.

Me excitó la curiosidad.

—Pero dice que hay un pueblo.

—Lo había.

—¿Ya no?

Se enfangó en una larguísima historia, saltando con tanta frecuencia del alemán al inglés y viceversa, que yo entendía muy poco, y a duras penas capté que hacía mucho tiempo, cientos de años, allí habían muerto muchas personas, a las que habían enterrado en el lugar; y después se escuchaban ruidos bajo la arcilla, y cuando abrieron las tumbas se encontraron con hombres y mujeres todavía con la piel rosácea de los vivos y la boca sanguinolienta. Y después, desesperados por salvar la vida ¡y el alma! —y al decir esto se santiguó— los que quedaban emigraron a otros parajes, donde los vivos vivían y los muertos estaban muertos y no... otra cosa. Quedó bien patente su miedo a pronunciar estas últimas palabras. Cuando retomó su relato se excitó más y más. Parecía como si su imaginación hubiera hecho presa en él, llevándolo a una excitación: su miedo: piel blanca, sudores, temblores y miradas fugaces entorno, como si tuviera miedo de que alguna presencia espantosa pudiera manifestarse a plena luz del sol y sus obstáculos. Por último, llevado por una desesperación agónica, exclamó: «Walpurgis-Nacht!» y señaló el carruaje para rogarme que subiera. La totalidad de mi sangre inglesa se reveló ante eso y, plantándome con firmeza, dije:

—Tiene miedo, Johann, tiene miedo. Regrese a casa. Yo lo haré por mi cuenta; el paseo me vendrá bien. —Cogí del asiento del carruaje mi bastón de marcha de madera de roble, que siempre llevo en las excursiones, y cerré la puerta. Señalé en la dirección de Múnich y dije—: Regrese a casa, Johann. La Walpurgis-Nacht no afecta a los ingleses.

Los caballos estaban más nerviosos que nunca y Johann trataba de sosegarlos, mientras no cesaba de suplicarme tembloroso que no hiciera semejante tontería. Me compadecí del pobre hombre, que me hablaba muy en serio, pero incluso así yo no podía frenar el reírme. Su inglés se había esfumado. Calenturiento, se había olvidado de que la única forma de darme a entender lo que sucedía era hablar en mi idioma, y murmuraba en alemán. Aquello empezaba a resultar tedioso. Tras volver a señalarle la dirección, «¡A casa!», decidí a dejar atrás el cruce de caminos y adentrarme en el valle.

Con expresión desencajada, Johann hizo dar media vuelta a los caballos, en dirección a Múnich. Me apoyé en el bastón y observé cómo se alejaba. Al comienzo fue despacio, después hizo aparición sobre la cresta de la colina un hombre alto y delgado. No distinguí más, estando tan lejos. Cuando se acercó a los caballos, estos empezaron a corcovear y cocear, y relincharon de terror. Johann no pudo dominarlos; se lanzaron al galope por la carretera, espantados. Los miré hasta que desaparecieron. Busqué seguidamente al desconocido, pero me encontré con que también él se había volatilizado.

Con ánimo sereno di media vuelta y eché a caminar por el camino que penetraba en el valle, por el que Johann se había negado a llevarme. No encontraba ni la menor razón, que yo alcanzara a comprender, para su negativa; y no tengo reparos en decir que caminé durante las dos horas siguientes sin ningún interés por la hora ni a la distancia recorrida, y sin ver ni prueba de personas o de viviendas. Por lo que atañe al lugar, era pura desolación. Pero eso no llamó mi atención en principio hasta que, al doblar una curva del camino, llegué un sotillo; me di cuenta entonces que, de forma inconsciente, me venía sintiendo impresionado por la desolación del lugar.

Me senté para recuperar fuerzas y miré a mi alrededor. Me percaté que hacía mucho más frío que cuando inicié el paseo; se escuchaba una especie de lamento, en el que se intercalaba intermitentemente un bramido sordo. Miré hacia el firmamento y me percaté de que gruesos nubarrones corrían por el cielo desde el norte y hacia el sur, a gran altura. Había indicios de que se preparaba una tormenta incipiente en una zona elevada de la atmósfera. Estaba un poco destemplado así que, pensando que me estaba enfriando por detenerme tras el ejercicio, reanudé la marcha.

El terreno por el que ahora pasaba era mucho más atractivo. No había elementos llamativos que atrajeran la mirada pero en todo imperaba un ambiente mágico. No presté atención a la hora y únicamente cuando el crepúsculo se presentó empecé a pensar en cómo dar con el camino de regreso a casa. La luminosidad previa había desaparecido. El aire era frío y cada vez más nubes aparecían por el cielo. Las acompañaba un soplido lejano, entre el que se abría paso intermitentemente aquel misterioso aullido que el cochero había atribuido a un lobo. Por un momento vacilé. Pero había dicho que vería el pueblo desierto, así que continué avanzando, y poco después llegué a un extenso escenario de campo abierto, con colinas a su alrededor. Las laderas de estas se hallaban repletas de árboles, que bajaban hasta la llanura, donde constituían pequeños sotos en las pendientes y declives. Observé con la vista el camino y percibí que trazaba una curva cerca de uno de los sotos más boscosos y desaparecía tras él.

El aire se volvió más frío y comenzó a nevar. Pensé en las millas y millas de paraje desértico que había recorrido, y corrí para buscar refugio en el sotillo que tenía delante. El cielo seguía oscureciéndose y la nieve caía con más fuerza y más densa, hasta que el suelo se convirtió en un brillante manto blanco cuyos límites se esfumaban en una indefinición brumosa. El camino en aquel punto era muy primitivo, y en terreno llano sus límites no estaban tan claros como cuando marchaba por laderas; y no tardé en percatarme de que en algún instante me había apartado de él, pues bajo mis suelas ya no notaba una superficie dura, sino que los pies se me enterraban en la hierba y el musgo. El viento aumentó y su fuerza no cesó de crecer, hasta tener todavía que apresurar más la marcha para guarecerme. La temperatura se tornó gélida y, a pesar del ejercicio, comencé a padecer el frío. La nieve caía ahora muy densa y giraba a mi alrededor constituyendo vertiginosos remolinos, de forma que yo casi no podía mantener los ojos abiertos. De vez en cuando un limpio rayo rasgaba los cielos, y los relámpagos me permitieron ver, frente a mí, una gran masa de árboles, tejos y, en especial, cipreses, cubiertos por una gruesa capa de nieve.

Estuve pronto al resguardo de los árboles, y allí dentro, en el silencio que reinaba en comparación, escuché el soplo del viento en las alturas. Poco más tarde la negrura de la tormenta se confundió con la de la noche y, lentamente, la tormenta fue disolviéndose hasta que ya solo quedaban de ella unas ráfagas de viento, violentas pero intermitentes. En tales instantes, el singular sonido del lobo parecía multiplicarse en forma de ecos a mi entorno.

De cuando en cuando, entre la negra masa de nubes en movimiento aparecía un débil rayo de luz lunar que iluminaba el lugar y me delataba de que me encontraba al borde de una densa masa de cipreses y tejos. Como había dejado de nevar, salí del refugio e investigué un poco. Se me ocurrió que, entre todos los antiguos cimientos por a los que había pasado, quizás quedaba alguna casa que, si bien en ruinas, pudiera proporcionarme un buen amparo para pasar unas horas. Al rodear el sotillo, descubrí un muro bajo que lo circundaba y, siguiéndolo, alcancé una abertura. Los cipreses constituían allí un sendero que conducía a la cuadrada silueta de una especie de construcción. Pero en el preciso instante en que alcancé a descubrir esto, las nubes ocultaron la luna y hube de reseguir el sendero entre la oscuridad. El viento debía de ser más frío ahora, pues me puse a tiritar; pero al menos contaba con la perspectiva de un refugio, así que continué adelante a ciegas.

Me detuve, en respuesta a una quietud repentina. La tormenta había marchado; y, simpatizando quizás con el silencio de la naturaleza, mi corazón parecía haber disminuído sus latidos. Pero fue solo algo pasajero, pues de repente la luz de la luna se abrió paso entre las nubes, descubriéndome que me encontraba en un cementerio, y que la silueta cuadrada ante mí era una grandiosa y maciza tumba de mármol, tan blanca como la nieve que se amontonaba sobre ella y en su entorno. Junto con la luz de la luna llegó el fiero quejido de la tormenta, que parecía haber vuelto su curso con un aullido sordo y largo, como el de numerosos perros o lobos. Yo estaba impresionado y lleno de miedo, y sentí cómo el frío penetraba en mí hasta atenazarme el corazón. Mientras el manto de luz lunar seguía tendido sobre la tumba de mármol, la tormenta dio muestras adicionales de recobrar fuerzas, como si regresara sobre sus pasos. Impulsado por alguna clase de embeleso, me aproximé al sepulcro para verlo mejor y averiguar por qué ocupaba un lugar aislado y preferente. Caminé a su alrededor y, sobre la puerta dórica, leí, escrito en alemán:

CONDESA DOLINGEN DE GRATZ
EN STYRIA BUSCÓ Y HALLÓ LA MUERTE
1801

En lo alto de la tumba, en apariencia clavada en el sólido mármol —pues la estructura la constituían unos pocos e inmensos bloques de piedra—, se encontraba una gran barra de hierro, o quizás un gran pincho. En la parte trasera de la tumba aparecía grabado en grandes caracteres rusos:

«Los muertos viajan deprisa».

Había algo tan raro y misterioso en todo aquello que sufrí un desmayo y sentí que me faltaban las fuerzas. Deseé, por primera vez, haber seguido el consejo de Johann. Me asaltó un pensamiento, inspirado por las extraordinarias circunstancias en que me encontraba y que me produjo una tremenda impresión. ¡Era la noche de Walpurgis!

La noche de Walpurgis, cuando, de acuerdo a la creencia de millones de personas, el diablo anda suelto, cuando las tumbas se abren y los muertos aparecen y caminan sobre la tierra. Cuando todo lo maligno originado de la tierra, el aire y el agua campa a sus anchas. El cochero había querido evitar aquel sitio en especial. Aquel pueblo dejado de la mano de Dios hacía siglos. Allí era donde yacían los suicidas, y allí era donde me encontraba yo, solo, indefenso, tiritando de frío, rodeado de nieve y con una fuerte tormenta asediándome. Hube de recurrir a toda la filosofía y a toda la religión que me habían enseñado, a todo mi valor, para no ser vencido por el miedo.

Y acto seguido un verdadero tornado se precipitó sobre mí. El suelo tembló como si miles de caballos lo surcaran al galope; y esta vez la tormenta desplegó sus heladas alas, no en forma de nieve, sino de enormes piedras de granizo, que caían con tanta violencia como si fueran lanzadas por honderos baleares; granizo que rompía hojas y ramas de manera que los cipreses no prestaban más refugio del que lo harían los tallos de un maizal. Mi primera reacción fue correr hacia el árbol más próximo, pero pronto tuve que abandonarlo y buscar cobijo en el único sitio que podría tenerlo, el profundo umbral dórico de la tumba de mármol. Allí, agazapado contra la gran puerta de bronce, me vi relativamente a salvo del castigo del granizo, ya que ahora solo llegaban hasta mí las piedras que salían rebotadas tras chocar contra el suelo o el mármol.

Al apoyarme en la puerta, esta cedió y se abrió hacia dentro. Hasta el refugio de una tumba resultó bienvenido bajo aquella cruel tempestad, y estaba yo a punto de entrar cuando un rayo de múltiples brazos iluminó toda la extensión del cielo. Juro por mi vida que vi entonces, cuando los ojos se me acostumbraron a la oscuridad de la tumba, a una hermosa mujer, de mejillas rellenas y labios rojos, que parecía dormir tendida sobre unas parihuelas.

Cuando el trueno restalló en las alturas, sentí como si la mano de un gigante me apresara y me vi lanzado nuevamente bajo la tormenta. Fue todo tan repentino que, antes de reponerme de la impresión, tanto moral como física, me encontré ametrallado por el granizo. Al mismo tiempo experimenté la sensación extraña e imperiosa de no encontrarme solo. Miré hacia la tumba. Cayó justo en aquel instante otro relámpago cegador, que golpeó la barra de hierro que coronaba la tumba y a través de la cual descendió hasta el suelo, sacudiendo y rompiendo el mármol, entre una ráfaga de llamaradas. La muerta se alzó por un momento, presa de la agonía, lamida por las llamas, y su amargo lamento de dolor quedó ahogado por el trueno. Lo último que percibí fue esa aterradora combinación de sonidos, pues una vez más me vi atenazado por la misma presa de gigante de antes y alejado a rastras, mientras el granizo me ametrallaba y el aire resonaba con el aullido de los lobos. La última imagen que recuerdo es la de una tenue y blanca masa en movimiento, como si todas las tumbas a mi entorno hubieran expulsado los fantasmas de sus muertos amortajados, y estos se abalanzaran sobre mí a través de la blancura grisácea del granizo.

Lentamente fui recobrando un débil inicio de conciencia; seguidamente padecí un terrorífico cansancio. Por unos instantes no pude recordar nada, pero poco a poco recobré el uso de los sentidos. Un fuerte dolor me atacaba los pies; no podía moverlos. Parecían paralizados. Una sensación del gélido frío partía de mi nuca y descendía por la columna vertebral, y mis oídos, al igual que los pies, estaban muertos, pero me hacían padecer, no obstante, sentía en el pecho una calidez que, en comparación, resultaba placentera. Se trataba de una pesadilla, una pesadilla física, si es que puede emplearse tal expresión, pues un gran peso sobre mi pecho me dificultaba la respiración.

Ese periodo de semiletargo pareció alargarse mucho tiempo, durante el que debí de caer dormido o desmayarme. Experimenté seguidamente náuseas, como un primer asomo de mareo, y el deseo irrefrenable de liberarme de algo, no sabía de qué. Me rodeaba una honda paz, como si el conjunto del mundo se hubiera dormido o muerto, rota únicamente por el débil jadeo de algún animal cercano a mí. Algo caliente me rozó la garganta, y con ello llegó el espantoso descubrimiento de lo que estaba ocurriendo, congelándome el corazón y haciendo que la sangre me subiera en oleadas al cerebro. Había un enorme animal tendido sobre mí, lamiéndome el cuello. Evité el movimiento, una prudencia instintiva me hizo permanecer inmóvil; pero la bestia debió de darse cuenta de que algún cambio había tenido lugar, pues levantó la cabeza. Entre las pestañas, vi sobre mí los grandes ojos llameantes de un lobo inmenso. Los dientes, blancos y afilados, brillaban en la boca entreabierta y roja, y percibí su aliento, caliente, fuerte y acre, en el rostro.

Siguió otro pequeño espacio del que no conservo ningún recuerdo. Escuché seguidamente un gruñido sordo, seguido por un aullido, que se repitió una y otra vez. Viniendo desde muy lejos percibí: «¿Hay alguien ahí? ¿Hay alguien ahí?», como si muchas voces gritaran a la vez. Con tiento, levanté un poco la cabeza y escudriñé en la dirección de la que provenía el sonido, pero el cementerio me impedía la vista. El lobo continuaba aullando de aquella forma singular, y un resplandor rojizo hizo aparición entre los cipreses y se desplazó como si acompañara el sonido. Cuando las voces se aproximaron, el lobo aulló más rápido y más fuerte. Me producía terror hacer cualquier movimiento o ruido. El resplandor rojizo se aproximó más, reflejado en el blanco palio de nieve. Proveniente del otro lado de los árboles apareció una tropa de jinetes al galope, llevando antorchas. El lobo se levantó de mi pecho y se alejó hacia el cementerio. Vi a uno de los jinetes (soldados, a juzgar por sus uniformes y los amplios capotes militares) alzar su carabina y apuntar. Un compañero le apartó el arma de un sablazo y oí silbar la bala sobre mi cabeza. Me había confundido con el lobo. Otro soldado avistó al animal mientras este se escondía y hubo un segundo disparo. Al galope, la tropa continuó adelante, dividiéndose en dos; unos en mi dirección, otros persiguiendo al lobo, que desapareció entre los cipreses repletos de nieve.

Cuando se acercaron traté de moverme, pero estaba yerto, pese a que podía ver y oír cuanto acontecía. Dos o tres soldados echaron pie a tierra y se arrodillaron junto a mí. Uno me alzó la cabeza y me puso una mano sobre el corazón.

—¡Buenas noticias, camaradas! —exclamó—. ¡Su corazón todavía late!

Me vertieron un poco de brandi en la boca, que me revigorizó, y pude abrir los ojos del todo y mirar alrededor. Luces y sombras se movían entre los árboles, y percibí a los soldados llamarse entre ellos. Se agruparon, profiriendo exclamaciones de miedo, y las luces centellearon cuando otro grupo emergió del cementerio en tropel, como endemoniados. Cuando se aproximaron a nosotros, los que estaban conmigo preguntaron ansiosos:

—¿Lo habéis encontrado?

La respuesta llegó a trompicones.

—¡No, no! ¡Marchémonos de aquí! ¡Deprisa! Este no es sitio para estar, ¡y menos esta noche!

«¿Qué era eso?», fue la pregunta que formulaban de un centenar de formas. Las respuestas eran variadas e inconcretas, como si los soldados sintieran el impulso de hablar e incluso así un miedo compartido les llevara a silenciar lo que pensaban.

—Era… era… ¡Ya lo creo que sí! —tartamudeó uno, al que el juicio parecía haberle abandonado de forma pasajera.

—Un lobo, ¡pero en realidad no! —dijo otro aterrorizado.

—De nada sirve ir tras él si no tenemos una bala previamente bendecida —comentó otro en tono más tranquilo.

—¡Por esta noche ya hemos cumplido! ¡Nos hemos ganado los mil marcos! —exclamó un cuarto.

—Había sangre en los trozos de mármol —manifestó otro tras una pausa— y eso no fue por el rayo. En cuanto a él, ¿está bien? ¡Fijaos en su garganta! Mirad, camaradas, el lobo estaba echado sobre él para mantenerlo caliente.

El oficial me miró la garganta y respondió:

—Se encuentra bien. La piel no está desgarrada. ¿Qué significa esto? Nunca lo habríamos encontrado de no haber sido por los aullidos del lobo.

—¿Qué ha sido de esa cosa? —preguntó el que me sostenía la cabeza, y que parecía el menos afectado por el terror; sus manos estaban firmes, sin asomo de temblor. En la manga llevaba un galón de suboficial.

—Se ha ido a su casa —respondió un hombre de rostro alargado y pálido, que temblaba de miedo mientras no dejaba de mirar a su alrededor—. Aquí hay tumbas de sobra donde puede yacer. Vayámonos, camaradas. ¡Marchemos rápido! Salgamos de este sitio endemoniado.

El suboficial me irguió hasta dejarme sentado y pronunció una orden; entre varios hombres me subieron a un caballo. El suboficial montó detrás de mí, me sujetó entre sus brazos y dio orden de ponerse en marcha.

Dando la espalda a los cipreses, nos alejamos rápido y en formación.

Mi lengua continuaba rehusando funcionar, así que yo permanecía a la fuerza en silencio. Debí de dormirme porque lo siguiente que recuerdo mantenerme en pie, sujetado por un soldado a cada lado. Era casi pleno día y al norte el sol proyectaba una lista roja sobre la capa de nieve. El suboficial decía a los hombres que no contaran nada de lo que habían visto, salvo que encontraron a un inglés protegido por un perro grande.

—¡Un perro! Eso no era un perro —lo interrumpió el soldado que tanto miedo había experimentado—. Sé reconocer a un lobo cuando lo veo.

El joven suboficial contestó con serenidad:

—He dicho un perro.

—¡Un perro! —replicó el otro riéndose. Con la salida del sol estaba recuperando las fuerzas. Señalándome, dijo—: Mire su garganta. ¿Es eso obra de un perro, señor?

Instintivamente, me llevé la mano al cuello, y al tocarlo me revolví de dolor. Los hombres se arremolinaron a mi alrededor para mirar, algunos tras saltar de sus sillas de montar, y una vez más se escuchó la sosegada voz del suboficial.

—Un perro, como he dicho. Si dijéramos cualquier otra cosa solo conseguiríamos que se mofaran de nosotros.

Me hicieron montar a la espalda de uno de los jinetes y entramos en los suburbios de Múnich. Allí encontramos un carruaje libre, al que monté y que me llevó al Quatre Saisons; el joven suboficial me acompañó, mientras que un jinete nos seguía llevando el caballo de aquel y los demás se retiraban a sus barracones.

Cuando llegamos, Herr Delbrück bajó tan rápidamente a recibirme que estaba claro que me había estado esperando. Tomándome las manos me condujo con gran mimo al interior. El suboficial me saludó y ya se estaba dando media vuelta para irse cuando le insistí para que me acompañara a mis habitaciones. Con una copa de vino en la mano le di las más expresivas gracias, a él y a sus camaradas, por salvarme. Respondió que estaba contento de haberlo hecho y que Herr Delbrück se había ocupado desde el primer momento de gratificar a la partida de búsqueda. Ante esas desconcertantes palabras, el maître d'hotel se limitó a sonreír; por su parte, el suboficial confesó que el deber lo llamaba y se retiró.

—Herr Delbrück —pregunté—, ¿cómo y por qué razón fueron los soldados en mi búsqueda?

Se encogió de hombros, como si quisiera restar importancia a lo que había realizado.

—Tuve la suerte de que mi antiguo comandante de regimiento me concediera permiso para solicitar voluntarios.

—¿Pero cómo llegó a la conclusión de que me había perdido?

—El cochero vino a verme con el resto del carruaje, que sufrió terribles desperfectos cuando los caballos se desbocaron.

—¿Y solo por eso envió usted una partida militar de búsqueda?

—Claro que no —respondió—. Antes incluso de que llegara el cochero, recibí este telegrama del boyardo* que lo ha invitado a usted.

Sacó del bolsillo un telegrama que me pasó y en el que leí:

---

* Quién podía ser este noble de origen ruso o ucraniano: "boyardo", ¿la reencarnación de Drácula por su vecindad con Transilvania como indica la ciudad del remitente: Bistritza (ciudad rumana)?

Bistritza.

Cuide usted de mi invitado. Su seguridad es de lo más preciada para mí. Si algo le ocurriera, o en caso de perderse, no repare usted en medios para encontrarlo y garantizar su seguridad. Es inglés y por lo tanto muy osado. La nieve, los lobos y la noche son fuentes de peligro. No se atrase un instante si sospecha de cualquier perjuicio que le pudiera ocurrir. Compensaré su celo con mi fortuna. Drácula.

Mientras leía el telegrama sentí que la habitación daba vueltas a mi alrededor, y si el atento maître d'hotel no me hubiera sujetado, me habría desplomado al suelo. Había algo tan extraño en todo aquello, tan inquietante e imposible de concebir, que me sentí como si fuerzas desconocidas me atenazaran, idea que fue suficiente para paralizarme. Me encontraba bajo alguna forma de protección misteriosa. Desde un país lejano había llegado, justo a tiempo, un mensaje que me rescató del peligro de morir congelado y de la boca del lobo.*

* ¿Un misterioso Drácula, lo salva de caer en "la boca del lobo"?

La casa del juez

Cuando llegó el instante de sus exámenes, Malcolm Malcolmson decidió irse a algún sitio donde pudiera estar a solas para estudiar. Temía las distracciones de la costa, y temía también la completa soledad del campo, cuyos atractivos conocía desde tiempo inmemorial, así que decidió buscar algún humilde pueblecito donde nada lo distrajera. Se abstuvo de pedir consejo a sus amigos, pues supuso que cada uno le recomendaría un lugar familiar para él y donde tuviera conocidos. Como Malcolmson intentaba evitar a sus amigos, tampoco deseaba cargar con las atenciones de los amigos de sus amigos, por lo que se ocupó de descubrir él mismo el lugar. Llenó un baúl de viaje con ropa y los libros que necesitaba y sacó un billete para el primer destino de la lista de salidas que le fuera desconocido.

Cuando al cabo de tres horas de viaje se apeó en Benchurch, se alegró de haber borrado sus huellas de forma que pudiera proseguir en paz sus estudios. Se encaminó directamente a la única posada que había en el tranquilo lugar y tomó alojamiento para aquella noche. En Benchurch tenía lugar un mercado cada tres semanas, jornada en que el pueblo se llenaba de gente, pero a lo largo de los veintiún días restantes era tan atractivo como un desierto; al día siguiente de su llegada, Malcolmson buscó un alojamiento incluso más aislado que el que la serena posada

The Good Traveler le proporcionaba. Hubo un solo sitio que le gustó, y, en efecto, se ajustaba a sus más extraños deseos de sosiego; en realidad, «sosiego» no era la palabra más adecuada para el lugar; «desolado» era el único término que reflejaba la medida de su aislamiento. Se trataba de una casa de estilo jacobeo, laberíntica, robusta, con pesados gabletes y ventanas excepcionalmente pequeñas y abiertas más alto de lo que era corriente en casas de aquel tipo, y que se encontraba rodeada por un alto muro de piedra de sólida construcción. De hecho, más parecía una casa fortificada que una vivienda normal. Pero todo ello le gustaba a Malcolmson. «Aquí», pensó, «esto es exactamente lo que quiero: Si pudiera alojarme en esta casa sería feliz». Su alegría creció al comprobar, sin espacio para la duda, que la vivienda se encontraba sin inquilinos.

En la oficina de correos averiguó el nombre del agente inmobiliario, que se mostró muy sorprendido ante la solicitud de alquilar una parte de la vieja casa. El señor Carnford, el abogado y agente inmobiliario de la localidad, era un caballero afable y de avanzada edad, que con cortesía le confesó cuánto le alegraba que alguien estuviera dispuesto a vivir en aquella casa.

—Si le digo la verdad —añadió—, estaría encantado, y también los propietarios, de dejar que alguien viviera gratis en ella durante años, para que la gente de aquí se acostumbrara a verla habitada. Lleva tanto tiempo vacía que ha surgido una absurda aprensión contra ella, y el mejor remedio para acabar con ello es alquilarla…, aunque —añadió dedicando una mirada maliciosa a Malcolmson— solo sea por un estudiante como usted, que busca durante un tiempo la tranquilidad del lugar.

Malcolmson consideró innecesario preguntar al agente por el «absurdo prejuicio»; sabía que podría obtener más información sobre el tema, en caso de informarse, por otras fuentes. Abonó tres meses de alquiler, tomó el recibo, se informó del nombre de una buena mujer que pudiera ocuparse de las faenas domésticas y salió con las llaves en el bolsillo. Fue a ver a continuación a la patrona de la posada, una persona vivaracha y de lo más amable, y le pidió consejo sobre las provisiones y demás efectos que pudiera necesitar. Ella alzó las manos, atónita, cuando él le dijo dónde iba a instalarse.

—¡En la casa del juez no! —exclamó ella, cambiando su cara como la cera.

Él le explicó dónde estaba la casa, puesto que no sabía su nombre. Cuando terminó, ella dijo:

—Sí, seguro que sí. Es el mismo lugar. Es la casa del juez.

Él le pidió que le hablara del lugar, por qué se llamaba así y qué tenía la gente en su contra. Ella le explicó que en el pueblo la conocían por ese nombre porque hacía muchos años —no sabía cuántos porque ella era originaria de otra parte del país, pero creía que cien o más— fue la morada de un juez que inspiraba terror a causa de sus durísimas sentencias y de la belicosidad que manifestaba contra los prisioneros en Assizes. En cuanto a qué había contra la casa, no lo sabía. Había preguntado frecuentemente al respecto, pero nadie pudo aclarárselo; sin embargo, existía la impresión general de que allí había algo, y, por lo que a ella respectaba, no pasaría una hora a solas en la casa ni por todo el dinero del banco Drinkwater. A continuación se disculpó por haber desasosegado a Malcolmson con sus palabras.

—Ha sido muy incorrecto por mi parte, señor, pero también lo es por la suya, si me permite decirlo, vivir allí totalmente solo, tratándose además de un joven caballero. Y discúlpeme usted, pero si fuera mi hijo no pasaría allí ni una noche, ¡aunque tuviera que ir yo en persona a hacer sonar la gran campana de alarma del tejado!

La buena mujer hablaba con tanta seguridad en serio y sus intenciones era tan corteses que Malcolmson, pese a que todo aquello le divertía, se sintió conmovido. Le dijo sinceramente cuánto apreciaba su interés, y añadió:

—Pero, mi querida señora Witham, no existe razón para que se interese usted por mí. Un hombre que estudia matemáticas en la universidad de Cambridge tiene bastante en lo que pensar como para que lo intranquilice cualquier «algo» misterioso, y su trabajo es de una especie demasiado exacta y prosaica como para dejar espacio en su cerebro para misterios de cualquier clase. ¡La progresión harmónica, las permutaciones, las combinaciones y las funciones elípticas ya encierran bastantes misterios para mí!

La señora Witham puso manos a la obra con lo que le había encargado y él fue en persona a ver a la anciana que le había sido recomendada. Cuando regresó con esta a la casa del juez, un par de horas más tarde, se encontró en la puerta con la señora Witham, que lo aguardaba junto con un grupo de hombres y niños cargados de paquetes, y con un tapicero que llevaba una cama en un carro, ya que, según ella, aunque las mesas y las sillas podían continuar en buen estado, una cama que podía llevar cincuenta años sin airear no era descanso conveniente para unos huesos jóvenes. Estaba claro que sentía curiosidad por ver el interior de la casa, y pese a estar tan asustada del «algo» que al menor ruido se cobijaba contra Malcolmson, que no la dejó sola en ningún instante, recorrió todo el lugar.

Tras examinar la casa, Malcolmson decidió instalarse en el amplio comedor, lo suficiente para satisfacer todas sus necesidades; y la señora Witham, con ayuda de la asistenta, la señora Dempster, procedió a ordenarlo todo. Una vez trasladados los bultos al interior, Malcolmson se encontró con que, haciendo gala de gran previsión, la señora Witham había enviado provisiones de su propia cocina para varios días. Antes de irse, ella le manifestó sus mejores augurios, y en la puerta se volvió y dijo:

—Y, señor, como el comedor es amplio y se producen en él corrientes de aire, quizás sería necesario hacerse con un biombo grande para colocarlo por las noches alrededor de la cama, aunque, si le digo la verdad, yo me moriría si tuviera que estar ahí dentro, encerrada, con toda clase de... «visitantes» asomando la cabeza por los costados y por arriba, ¡observándome!

La imagen que ella misma había invocado fue demasiado para sus nervios, y salió despavorida sin disimulo.

La señora Dempster inspiró por la nariz con aire de superioridad y comentó que, por lo que a ella atañía, ni todos los duendes del reino eran suficientes para asustarla.

—Le diré lo que ocurre, señor. Los duendes son toda clase de cosas, ¡menos duendes! Ratas y ratones, e insectos, y puertas que chirrían, y tejas sueltas, y ventanas rotas, y cajones bloqueados, que permanecen abiertos y caen al suelo en mitad de la noche. Fíjese en el empanelado de las paredes. Es viejo. Tiene siglos. ¿Cree usted que ahí atrás no habrá ratas e insectos? ¿Cree usted, señor, que no va a verlos? Las ratas son duendes, se lo aseguro, y los duendes son ratas. ¡Que no se le meta nada más en la cabeza!

—Señora Dempster —dijo Malcolmson muy serio, dedicándole una cortés reverencia—, ¡sabe usted más que el mejor graduado en matemáticas de Cambridge! Y permítame añadir que, como muestra de mi afecto por su demostrable fortaleza de mente y corazón, le haré entrega, cuando me vaya, de esta casa y dejaré que se aloje aquí durante los dos últimos meses del alquiler, ya que a mí serán suficientes con cuatro semanas.

—Le estoy muy agradecida, señor —contestó ella—, pero no podría pasar ni una noche fuera de mi actual alojamiento. Estoy en el albergue de caridad de Greenhow, y si me ausentara una sola noche perdería todo lo que tengo en el mundo. Las reglas son muy severas, y hay mucha gente a la espera de una vacante como para correr riesgos. Al margen de eso, señor, estaré encantada de venir a atenderle durante su estancia.

—Señora mía —manifestó Malcolmson precipitadamente—, he venido aquí con el único propósito de encontrar soledad, y créame que estoy muy agradecido al difunto Greenhow por su caridad admirable, sea como fuere, la cual me evita la tentación de tener compañía. Ni el mismísimo san Antonio podría ser más rígido.

La anciana se rio ásperamente.

—Ustedes, los jóvenes —dijo—, no le tienen miedo a nada. Aquí gozará usted de toda la soledad que necesite, así será.

Ese mismo día se puso a limpiar, y al atardecer, cuando Malcolmson regresó de su paseo —siempre se llevaba un libro para estudiar cuando paseaba— se encontró la estancia barrida y ordenada, un fuego ardiendo en la vieja chimenea, la lámpara encendida y la mesa preparada para la cena con la apetitosa comida de la señora Witham.

—Esto sí que es lujo —se dijo frotándose las manos.

Cuando hubo finalizado la cena, dejó la bandeja en el otro extremo de la gran mesa de roble, sacó sus libros, echó leña al fuego, encendió la lámpara y se dispuso a realizar una concienzuda sesión de trabajo. A ello se dedicó sin pausa hasta cerca de las once de la noche, cuando se detuvo para atizar el fuego, ajustar la lámpara y prepararse una taza de té. Siempre le había gustado el té, y durante su estancia en la universidad se había acostumbrado a trabajar hasta tarde y beber té. El descanso era un gran lujo para él, así que lo disfrutaba con un abandono exquisito, sensual. El fuego avivado saltaba y chisporroteaba, proyectando extrañas sombras en la antigua y gran estancia; y mientras sorbía su té caliente, gustó de sentirse aislado del resto de seres humanos. Fue entonces cuando descubrió por primera vez del ruido de las ratas.

«No puede haber sonado tan fuerte mientras estaba estudiando», pensó. «En ese caso seguro que lo habría notado».

Poco después, cuando el ruido creció, se dio la razón a sí mismo. Estaba claro que antes las ratas se habían asustado por la presencia de un desconocido, así como por el fuego y la luz de la lámpara, pero después se habían ido envalentonando y ahora se paseaban como acostumbraban.

¡Cuánto se movían! ¡Y qué extraños ruidos hacían! Arriba y abajo tras el viejo revestimiento de madera de las paredes, por encima del techo y por debajo del suelo corrían, roían y chillaban. Malcolmson sonrió al tener presente las palabras de la señora Dempster: «¡Los duendes son ratas y las ratas son duendes!». El té empezó a hacer su efecto de estímulo intelectual y nervioso y Malcolmson previó otra buena sesión de trabajo antes de la llegada del amanecer, y, con la tranquilidad que le proporcionaba tal premonición, se concedió el lujo de recorrer la estancia. Cogió la lámpara y recorrió el comedor, asombrado por que una casa tan pintoresca y hermosa hubiera estado tanto tiempo sin ser habitada. Las molduras talladas en el roble del empanelado eran de gran calidad, y las que cubrían y rodeaban las puertas, así como las ventanas, eran magníficas y de un talento extraordinario. Había algunos cuadros antiguos, pero se hallaban tapizados por una capa tan gruesa de polvo y mugre que hacía que no se distinguiera ni el menor detalle de ellos, pese a que Malcolmson alzó la lámpara todo lo alto que pudo. Aquí y allí, mientras paseaba, vio grietas y agujeros bloqueados unos instantes por una rata, con los ojos reflejando la luz, pero poco después ya habían desaparecido, sin dejar más rastro que un chillido y el ruido que hacían al escaparse. Lo que más le impresionó, sin embargo, fue la cuerda de la gran campana de alarma que había en el tejado, la cual pendía en un rincón de la estancia, a la derecha de la chimenea. Arrastró junto al fuego una gran silla tallada de roble, con respaldo alto, y se sentó a tomar una última taza de té. Acto seguido avivó el fuego y volvió al trabajo, sentado en la esquina de la mesa, con el fuego a su izquierda. Al principio las ratas le molestaron un poco con sus continuos correteos, pero se acostumbró al ruido igual que uno se habitúa al tictac de un reloj o al murmullo del agua en movimiento, y se concentró en su trabajo de tal suerte que todo el mundo, excepto el problema que trataba de resolver, se esfumó para él.

Alzó la vista de pronto, el problema seguía sin solución, y en el aire pendía la impresión propia de ese instante anterior al amanecer, tan temido por su carácter incierto. El ruido de las ratas había cesado. Le pareció que debía de haber ocurrido hacía poco, y que había sido precisamente su repentina interrupción lo que le había alarmado. El fuego ardía con poca fuerza pero todavía emitía un resplandor rojo encendido. Al mirar hacia la chimenea, Malcolmson refunfuñó pese a toda su sangre fría.

En la gran silla tallada de roble situada a la derecha del fuego estaba sentada una rata grandiosa, mirándolo fijamente con ojos amenazadores. Hizo una intención de ir hacia ella, como si fuera a cazarla, pero el roedor no se inquietó. Después Malcolmson la amenazó con tirarle algo. Ella siguió sin moverse, pero le mostró, colérica, los grandes y blancos dientes, y la luz de lámpara hizo brillar sus ojos con un rencor inusitado.

Malcolmson estaba incrédulo, y tomando el atizador de la chimenea se lanzó contra ella dispuesto a matarla. Sin embargo, antes de que pudiera golpearla, la rata, emitió un chillido que pareció fruto de todo su odio concentrado, brincó al suelo y, trepando por la cuerda de la campana de alarma, desapareció en la oscuridad más allá del círculo de luz de la lámpara. Al momento, por extraño que parezca, volvieron a empezar los ruidosos correteos de las ratas tras el empanelado.

Para entonces Malcolmson ya había perdido la concentración en el problema y, cuando el sonoro canto de un gallo le avisó de la proximidad del día, se acostó en la cama.

Durmió tan profundamente que ni tan solo se despertó cuando la señora Dempster entró a arreglar la habitación. Solo cuando ella ya hubo terminado y preparado el desayuno y dio unos golpecitos en el biombo tras el que se ocultaba la cama, se él se despertó. Continuaba algo cansado tras la dura noche de trabajo, pero una taza de té cargado le transmitió energía y, cogiendo un libro, salió a dar su paseo matutino, llevándose además algunos sándwiches, por si acaso no regresaba a casa hasta la hora de la cena. Descubrió un sendero tranquilo que discurría entre altos olmos, a las afueras del pueblo, y estuvo allí la mayor parte del día, estudiando a Laplace. En el camino de regreso se detuvo para realizar una visita a la señora Witham y agradecerle su amabilidad. Cuando ella lo vio acercarse a través de los cristales emplomados de la ventana salediza de su sanctasanctórum, salió a recibirlo y lo invitó a pasar. Lo escrutó y dijo:

—No debe usted abusar, señor. Está más demacrado esta mañana de lo que tendría que estar. Hacer trabajar demasiado al cerebro, y además a horas intempestivas, no es bueno para nadie. Pero cuénteme, señor, ¿cómo ha pasado la noche? Bien, supongo. Se lo aseguro. Me puse muy contenta cuando la señora Dempster me contó esta mañana que usted se encontraba bien y dormía tranquilamente cuando fue a verlo.

—Sí, he estado bien —contestó él con una sonrisa—, ese «algo» no me ha molestado, al menos hasta ahora. Solo las ratas, que tienen montado todo un espectáculo en la casa, se lo aseguro. Una criatura diabólica se sentó en mi propia silla, junto al fuego, y no se marchó hasta que la amenacé con el atizador. Subió por la cuerda de la campana de alarma y desapareció por algún lugar de lo alto de la pared o del techo. No pude verlo; estaba muy oscuro.

—¡Que Dios se apiade de nosotros! —dijo la señora Witham—. Una criatura diabólica, ¡y sentada en una silla junto al fuego! ¡Tenga cuidado, señor! ¡Tenga cuidado! Mucho de lo que se cuenta en broma resulta ser verdad.

—¿A qué se refiere? Le juro que no la entiendo.

—¡Una criatura diabólica! Puede que el mismísimo diablo. ¡Basta, señor! No se ría usted —dijo, pues Malcolmson había cortado en carcajadas—. Ustedes, los jóvenes, creen que se pueden reír de lo que a los viejos nos da temblores. Bueno, no pasa nada. No pasa nada. Por favor, ría siempre y todo cuanto pueda. Es lo que le deseo.

Y la mujer resplandeció de amabilidad en contestación a las carcajadas de él, con todos sus miedos olvidados por el momento.

—Perdóneme —dijo Malcolmson—. No me considere maleducado, pero no he podido aguantar ante la idea de que ¡el mismísimo diablo estuvo sentado anoche frente a mí!

Y al imaginárselo volvió a la carcajada limpia. Acto seguido marchó a casa a cenar.

Esa noche los correteos de las ratas ya habían empezado; en realidad, ya se hallaban en marcha antes de que él llegara, y solo hicieron un descanso por la sorpresa de su vuelta. Después de la cena se sentó un rato a fumar junto a la chimenea, y acto seguido, tras despejar la mesa, se puso a estudiar. Esa noche las ratas le atormentaron más que la anterior. ¡Qué forma de corretear arriba y abajo tras las paredes, sobre el techo y bajo el suelo! ¡Qué forma de chillar, arañar y roer! Cada vez más envalentonadas, asomaban a las bocas de sus ratoneras y a los agujeros y grietas del empanelado y sus ojillos brillaban como lamparitas con el bailoteo de las llamas. Pero para Malcolmson, acostumbrado ya a ellas, sus ojos nada tenían de malvado, solo le excitava su carácter juguetón. A veces las más atrevidas hacían incursiones por el suelo o recorriendo las molduras de los paneles. En ocasiones, si lo incomodaban, Malcolmson hacía algún ruido para asustarlas, golpeando la mesa con la mano o lanzando un enfado: «¡Sssh!», y ellas huían directas a sus agujeros.

Y así pasó la primera parte de la noche y, a pesar del ruido, Malcolmson se sumergió cada vez más en su tarea.

Se detuvo de repente, igual que la noche anterior, sorprendido por un silencio súbito. No se oía ni el menor chillido, ni arañazo, ni sonido de dientes al roer. El silencio era el mismo que habría en un cementerio. Malcolmson recordó el extraño acontecer de la noche previa, e instintivamente dirigió su mirada hacia la silla junto a la chimenea. Y una extraña sensación le recorrió el cuerpo.

Allí mismo, en la gran silla tallada de roble y de alto respaldo, junto al fuego, se encontraba la misma rata enorme, mirándolo sin moverse con sus ojos llenos de odio.

Instintivamente cogió lo que tenía más a mano, un libro de logaritmos, y se lo lanzó. No apuntó bien y la rata ni se movió, así que hubo de repetir el número del atizador; y de nuevo, la rata, perseguida de cerca, huyó trepando por la cuerda de la campana de alarma. Resultó también extraño que la marcha de la rata también fuera seguida en esa ocasión por la renovación de la algarabía de la comunidad de roedores. Esa vez, como la anterior, Malcolmson tampoco llegó a averiguar en qué parte de la estancia desapareció la rata, ya que la pantalla verde de la lámpara dejaba la parte superior del comedor a oscuras, y el fuego ya era débil.

Al mirar su reloj descubrió que ya se acercaba la medianoche; y, agradeciendo el divertissement, avivó el fuego y se preparó la tetera nocturna. La sesión de trabajo había sido útil y juzgó que se merecía un cigarrillo, así que se sentó en la gran silla de roble ante el fuego para disfrutarlo. Mientras fumaba pensó que sería provechoso saber por dónde desaparecía la rata, ya que empezaba a trazar planes para el día siguiente, planes en los que se valdría de una trampa para roedores. Con ese fin encendió otra lámpara y la colocó de manera que iluminara bien la esquina del comedor a la derecha de la chimenea. Después cogió todos los libros que tenía y los dejó a mano para arrojárselos a la alimaña. Finalmente, levantó la cuerda de la campana y colocó el extremo sobre la mesa, pisado por la lámpara. Al hacerlo no pudo evitar fijarse en lo flexible que era, algo que resultaba curioso en una cuerda tan resistente y que llevaba tanto tiempo sin servirse de ella. «Se podría ahorcar a un hombre con ella», pensó. Una vez concluidos estos preparativos miró a su alrededor y murmuró contento:

—Ya está todo preparado, amiga mía. Creo que esta vez averiguaré algo sobre ti.

Volvió al trabajo y, aunque, al igual que antes, inicialmente le molestó el ruido de las ratas, pronto se enfrascó en las proposiciones y los problemas.

Sin embargo, su atención volvió a verse atraída de pronto por el entorno inmediato. Esa vez no fue tan solo el silencio repentino lo que lo puso en alerta; la cuerda se desplazó un poco, y también la lámpara. Sin mover un músculo, miró de reojo para asegurarse de que la pila de libros se encontraba al alcance de su mano, y a continuación resiguió la cuerda con la mirada. Contempló a la gran rata saltar desde la cuerda a la silla de roble y tomar asiento, desde donde lo miró fijamente. Malcolmson alzó un libro en la mano derecha, apuntó con atención y se lo lanzó. La rata, con un rápido movimiento, ladeó y esquivó el proyectil. Él cogió un segundo libro y luego un tercero, y uno tras otro se los fue arrojando, pero siempre sin dar en el blanco. Al final, con él en pie y armado con otro libro que ya se disponía a lanzar, la rata chilló, aparentemente asustada. Esto avivó el ansia de Malcolmson, y el libro surcó el aire y alcanzó a la rata con un ruidoso golpe. Soltó esta un terrorífico chillido y, no sin antes dedicar a su atacante una mirada cargada de odio, trepó por el respaldo de la silla, dio un gran salto hasta la cuerda de la campana y corrió por ella hacia arriba como un poseso. La lámpara se balanceó por el repentino tirón, pero era pesada y no llegó a volcarse. Malcolmson no apartó la vista de la rata y, a la luz de la segunda lámpara, la vio saltar hasta la moldura de un panel y desaparecer por un agujero en uno de los grandes cuadros colgados de la pared, oscuro e indiscernible tras la capa de suciedad y polvo.

—Por la mañana echaré un vistazo a la morada de mi amiga —dijo el estudiante mientras recogía los libros—. El tercer cuadro desde la chimenea; no lo olvidaré. —Fue levantando los libros uno por uno, dedicándoles comentarios—. Secciones cónicas no dio en el blanco, tampoco Oscilaciones cicloidales ni los Principios ni Cuaterniones ni Termodinámica. ¡Veamos qué libro sí lo consiguió! —Lo cogió y sufrió un enfado, a la vez que una pronta palidez le invadía el rostro. Miró incómodo a su alrededor, temblando un poco, mientras murmuraba para dentro—: ¡La Biblia que me regaló mi madre! Qué rara coincidencia.

Se sentó de nuevo a trabajar y las ratas reanudaron sus retozos tras el empanelado. Sin embargo, no representaban una molestia para él; porque de alguna manera, su presencia le hacía sentir acompañado. Pero no era capaz de concentrarse en la tarea, y al cabo de un rato de tratar sin éxito de asimilar la cuestión que le ocupaba, se rindió desesperado y se fue a la cama cuando el primer vislumbre del amanecer se filtraba por la ventana oriental.

Tuvo un sueño profundo pero desasosegado, y soñó mucho; y cuando la señora Dempster lo despertó ya tarde él se mostró confuso y tardó unos minutos en saber dónde se hallaba. Su primera petición sorprendió a la sirvienta.

—Señora Dempster, mientras yo esté fuera hoy, me gustaría que cogiera usted la escalera y desempolvara o limpiara esos cuadros. En particular el tercero desde la chimenea. Me gustaría ver qué hay en ellos.

Por la tarde Malcolmson se dedicó a sus libros en el paseo sombreado, y la alegría del día precedente volvió a él a la vez que transcurría la jornada y adelantaba trabajo en buena armonía. Resolvió de manera satisfactoria todos los problemas que hasta entonces se le habían resistido, así que cuando pasó a hacer una visita a la señora Witham en el The Good Traveller, se sentía jubiloso. Encontró a un desconocido en el acogedor salón de la patrona, en compañía de esta, que se lo presentó como doctor Thornhill. Ella estaba inquieta, y eso, junto con la repentina serie de preguntas que el médico dedicó a Malcolmson, llevó a este a deducir que la presencia del desconocido no era casual, así que dijo sin preámbulos:

—Doctor Thornhill, responderé gustoso a todas las preguntas que quiera hacerme si antes me contesta usted una a mí.

El doctor pareció sorprendido, pero sonrió y dijo:

—Claro que sí. ¿Cuál es?

—¿Le ha pedido la señora Witham que viniera a verme y darme consejo?

Por un instante el doctor Thornhill quedó fuera de juego, y la señora Witham enrojeció y les dio la espalda, pero el doctor era un hombre sincero y con buena disposición, así que contestó con sinceridad.

—Así lo ha hecho, pero no era su intención que usted lo supiera. Supongo que han sido mis torpes acciones las que le han llevado a sospecharlo. Me dijo que no le agradaba que estuviera usted completamente solo en esa casa y que creía que tomaba usted demasiado té cargado. De hecho, ella desea que le aconseje dejar el té y no estudiar hasta altas horas. Fui un buen estudiante en mis tiempos, así que imagino que puedo tomarme esta libertad y, sin que sea motivo de ofensa, pedírselo no como un desconocido sino como un compañero.

Con una gran sonrisa, Malcolmson le tendió la mano.

—¡Chóquela!, como dicen en Estados Unidos. Le agradezco su amabilidad, y a usted la suya, señora Witham, y tal deferencia merece una respuesta por mi parte. Prometo no volver a tomar té cargado. Nada de té hasta que usted me lo vuelva a permitir. Y esta noche me iré a la cama a la una como muy tarde. ¿Está bien así?

—De acuerdo —dijo el médico—. Ahora explíquenos todas sus impresiones sobre la vieja casa.

Y fue así como Malcolmson les hizo un minucioso relato de lo ocurrido en las dos últimas noches. De cuando en cuando le interrumpía alguna exclamación de la señora Witham, hasta que al final, cuando narró el episodio de la Biblia, las emociones contenidas de la patrona encontraron desahogo con un grito; y hasta que no le administraron un buen vaso de brandi con agua la señora no se serenó. El doctor Thornhill había escuchado con expresión cada vez más hosca y, cuando la narración finalizó y la señora Witham estuvo repuesta, preguntó:

—¿La rata siempre sube por la cuerda de la campana?

—Siempre.

—Supongo que sabe usted —dijo el médico— qué cuerda se trata.

—No.

—Es la mismísima cuerda —contó despacio el médico— que el verdugo utilizó con todas y cada una de las víctimas del furor sentenciador del juez.

Le interrumpió otro grito de la señora Witham, y hubo que volver a tomar medidas para su recuperación. Malcolmson consultó su reloj, y viendo que estaba próxima su hora de cenar, marchó hacia su casa antes de que ella se recobrara.

Cuando la señora Witham volvió de nuevo en sí, bombardeó al médico con preguntas crispadas sobre de qué pretendía al meter ideas tan espantosas en la cabeza de un joven inocente.

—Ya tiene bastantes motivos de preocupación allí —añadió.

—Mi querida señora —contestó el doctor Thornhill—, ¡mi intención era otra! Quería atraer su atención hacia la cuerda de la campana, que se fijara en ella. Podría ocurrir que se encontrara él en un estado de elevada crispación, debido a que ha estudiado demasiado, aunque me atrevería a decir que nunca he visto a un joven tan fuerte y sano, tanto de mente como de cuerpo. Pero esa historia de las ratas… y la hipótesis de una aparición diabólica… —El médico meneó la cabeza y después prosiguió hablando—: Le habría ofrecido ir con él y permanecer una noche acompañándole, pero estoy seguro de que eso habría supuesto un motivo de humillación. Por la noche él podría sufrir alguna clase de extraño ataque de miedo o de alucinación, y en ese caso deseo que tire de la cuerda. A pesar de encontrarse totalmente solo, de esa forma nos avisará, y nosotros podremos llegar a tiempo de servir de ayuda. Permaneceré despierto hasta bien tarde esta noche y tendré los oídos atentos. No se alarme usted si Benchurch vive un sobresalto antes de mañana.

—¿Qué quiere decir, doctor? ¿De qué está hablando?

—Me refiero a que posiblemente…, no, más bien muy probablemente, esta noche oiremos replicar la gran campana de alarma de la casa del juez.

Y dicho esto, el médico hizo una salida de escena tan dramática como era posible.

Cuando Malcolmson llegó a casa era un poco más tarde de su hora habitual, y la señora Dempster ya se había marchado; no se debían desatender las reglas del albergue de caridad de Greenhow. Le satisfizo comprobar que el lugar estaba limpio y brillaba con la luz de un alegre fuego y de una lámpara bien encendida. La noche era más fría de lo normal para abril, y un fuerte viento soplaba con fuerza tan creciente que prometía una tormenta segura. Por espacio de unos minutos después de su llegada, el ruido de las ratas se silenció, pero en cuanto se acostumbraron a su presencia volvió a reanudarse. Le alegró oírlas, pues una vez más sus ruidos le hicieron sentir acompañado, y pensó de nuevo en la extraña circunstancia de que únicamente dejaran de manifestarse cuando la otra —la gran rata de mirada asesina— realizaba su aparición. Solo estaba encendida la lámpara de lectura y la pantalla verde dejaba a oscuras el techo y la parte alta de las paredes, y la cálida y alegre luz de la chimenea se extendía por el suelo y el mantel blanco dispuesto en un extremo de la mesa. Malcolmson se sentó a cenar, con apetito y ánimo renovado. Después de la cena y un cigarrillo, se puso a trabajar, dispuesto a no dejar que nada le molestara, pues recordaba la promesa hecha al médico, así que se mentalizó a sacar el mayor rendimiento posible al tiempo con que contaba.

Por espacio de más o menos una hora trabajó bien, y entonces sus pensamientos empezaron a alejarse de los libros. La realidad física que lo rodeaba, las llamadas a su atención y su susceptibilidad nerviosa no podían dejarse a un lado. Para entonces el viento se había convertido en temporal, y después el temporal en tormenta. La vieja casa, a pesar de su solidez, parecía temblar hasta los cimientos, y la tormenta rugía furiosa entre las numerosas chimeneas y los extraños y antiguos gabletes produciendo sonidos extraños y sobrenaturales en las habitaciones desiertas y los pasillos. Incluso la gran campana de alarma del tejado debía de notar la fuerza del viento, ya que la cuerda ascendía y descendía, como si la campana oscilara un poco de vez en cuando, y entonces la cuerda flexible se arrastraba por el suelo con un sonido sordo y enojoso.

Mientras lo escuchaba, Malcolmson recordó las palabras del médico: «Es la cuerda que el verdugo usaba con las víctimas de la furia sentenciadora del juez», y se aproximó a la esquina de la chimenea para tomarla entre las manos y observarla mejor. Parecía irradiar una clase de interés mortífero, y mientras Malcolmson se hallaba allí en pie se enfrascó en especulaciones acerca de quiénes fueron tales víctimas y del macabro interés del juez por tener semejante reliquia siniestra a la vista. Mientras tanto la oscilación de la campana continuaba haciendo subir y bajar la cuerda, pero seguidamente Malcolmson percibió algo diferente, una especie de temblor en la cuerda, como si algo se moviera por ella.

Miró hacia arriba por instinto y descubrió a la gran rata bajar despacio hacia él, mirándolo fijamente. Soltó la cuerda y retrocedió de un salto a la vez que murmuraba una maldición, y la rata dio media vuelta, corrió cuerda arriba y desapareció, y en ese mismo instante Malcolmson volvió a percibir el ruido de las ratas, que se había interrumpido.

Todo ello le hizo pensar y se acordó de que no había investigado el cubil de la rata ni echado una mirada a los cuadros, como era su idea. Encendió la otra lámpara, la que no tenía pantalla, y sosteniéndola en alto se situó frente al tercer cuadro desde el lado derecho de la chimenea, por donde había visto desaparecer a la rata la primera noche.

Nada más verlo, retrocedió tan rápido que a punto estuvo de dejar caer la lámpara, y una palidez de muerte le cubrió el rostro. La fallaban las rodillas, goterones de sudor asomaron a su frente y se puso a temblar como un álamo. Pero era joven y valiente, y se recompuso, y al cabo de unos segundos volvió a adelantarse, levantó la lámpara y examinó el cuadro que, desempolvado y limpiado, ahora se distinguía claramente.

Era un juez ataviado con sus ropas de escarlata y armiño. Su rostro era poderoso y despiadado, malvado, astuto y vindicativo, con una boca carnosa, nariz ganchuda y rubicunda y con el perfil del pico de un ave de presa. El resto de la cara presentaba un color cadavérico. Los ojos desprendían un brillo singular y poseían una mirada pavorosamente demoníaca. Mirándolos, Malcolmson se quedó helado, al distinguir en ellos la total semejanza con los de la gran rata. La lámpara casi se le escurrió de la mano; vio a la rata, con sus ojos infernales, asomada al agujero en la esquina del cuadro, y asistió a la inmediata interrupción de todo ruido por parte del resto de roedores. Sin embargo, se dominó y continuó analizando el cuadro.

El juez estaba sentado en una gran silla de roble tallado, de respaldo alto, a la derecha de una gran chimenea de piedra junto a la que, en un rincón, se desplegaba una cuerda desde el techo, con el extremo enrollado en el suelo. Experimentando algo cercano al terror, Malcolmson identificó el escenario como la estancia donde él mismo se encontraba, y miró atemorizado a su alrededor como si aguardara toparse con alguna extraña presencia a su lado. Miró a la esquina de la chimenea, y con un fuerte grito dejó caer la lámpara.

Allí mismo, en la silla, con la cuerda colgando detrás, se encontraba sentada la rata, con los mismos ojos endemoniados que el juez, intensificados por una mirada diabólica. Excepto por el aullido de la tormenta todo estaba en calma.

La lámpara caída obligó a Malcolmson a serenarse. Por suerte era metálica, así que el aceite no se había derramado. Sin embargo, la necesidad de recogerla le bastó para dominar los nervios. Cuando la hubo recogido, se enjugó la frente y se paró a pensar.

—Esto no está bien —pensó—. Si sigo así voy a volverme loco. ¡Esto tiene que acabar! Prometí al médico no tomar té. Cuánta razón tenía. Debo de haber forzado mis nervios demasiado. Es extraño que no me diera cuenta.

Nunca me había sentido mejor. Sin embargo, ahora me he percatado y no volveré a ser tan bobo.

Se sirvió una buena copa de brandi con agua, resuelto a sentarse y volver al trabajo.

Había pasado cerca de una hora cuando alzó la vista del libro, alertado por un silencio repentino. En el exterior, el viento soplaba y bramaba con más fuerza si cabe, y cortinas de lluvia azotaban las ventanas, golpeando los cristales como granizo, pero dentro no había ningún otro sonido más allá del eco del viento en la gran chimenea, y de cuando en cuando el siseo de algunas gotas de lluvia que se abrían paso por el cañón de la chimenea en un receso de la tormenta. El fuego había menguado y ardía sin llama, si bien emanaba un resplandor rojizo. Malcolmson escuchó con atención y terminó por percibir un muy débil gritito. Procedía de la esquina donde colgaba la cuerda, y pensó que sería el sonido que hacía la cuerda contra el suelo al subir y bajar. Al alzar la vista, sin embargo, descubrió en la penumbra que la gran rata colgaba de la cuerda y la estaba royendo. Casi la había cortado del todo; Malcolmson descubrió el tono más claro de las puntas roídos de las hebras. Continuaba mirando cuando la labor quedó finalizada, y el extremo cortado cayó sonoramente al suelo de roble, mientras que por un instante la rata pendió como un tirador o una borla de la cuerda restante, que se meció de un lado a otro. Malcolmson sufrió otra punzada de terror al darse cuenta de que se le había privado de la posibilidad de pedir ayuda al exterior, pero rápidamente una intensa furia ocupó el lugar de ese sentimiento y alzando el libro que estaba leyendo se lo arrojó a la rata. Había apuntado bien, pero antes de que el proyectil pudiera dar al roedor, este se soltó y cayó al suelo con un ruido sordo. De inmediato Malcolmson se arrojó sobre la rata pero ella huyó a todo correr, desapareciendo entre las sombras de la estancia. Malcolmson se dijo que el trabajo ya había finalizado por esa noche, y decidió introducir un poco de variedad en su rutina cazando a la rata. Retiró la pantalla verde a la lámpara para disponer de más luz. Se aclaró así la oscuridad de la parte alta de la habitación, y bajo la marea de luz, potente en comparación con la anterior oscuridad, los cuadros de las paredes quedaron totalmente visibles. Desde donde se encontraba, Malcolmson vio, justo frente a él, el tercer cuadro a partir de la derecha de la chimenea. Se frotó los ojos, perplejo, y seguidamente le invadió un terrible miedo.

En el centro del cuadro apareció un gran espacio irregular de lienzo marrón, tan limpio de pintura como si acabara de ser tensado sobre el marco. El fondo continuaba siendo el mismo, con la silla, la esquina de la chimenea y la cuerda, pero el juez no estaba.

Malcolmson, casi petrificado de horror, dio media vuelta despacio, y tembló como alguien que tuviera un ataque. Las fuerzas lo habían abandonado y era incapaz de realizar ningún movimiento, casi no podía pensar. Solo ver y escuchar.

En la gran silla de roble tallado se encontraba sentado el juez, con su atuendo de escarlata y armiño, los ojos amenazadores resplandeciendo de afán de venganza, y una sonrisa triunfal en la boca firme y cruel, mientras tenía en las manos un sombrero negro. Malcolmson sintió que se le helaba la sangre, como suele ocurrir en los episodios de suspense prolongado. Le zumbaban los oídos. Alcanzaba a oír la tormenta que se desarrollaba y bramaba fuera, sonido entre el que se colaron los repiques de la medianoche procedentes del pueblo. Se quedó inmóvil como una estatua durante un tiempo que le pareció larguísimo, con los ojos espantados, abiertos de par en par, sin aliento. Con los tañidos de los relojes, la sonrisa triunfal de juez se acrecentó, y con el último tañido cubrió la cabeza con el sombrero.

Muy despacio, el juez se puso de pie y tomó el trozo de cuerda que yacía en el suelo, lo acarició, como si gozara con su tacto, y acto seguido, lentamente, hizo un lazo con él. Lo tensó y lo probó con el pie, tirando con fuerza hasta que pareció satisfecho. Caminó a lo largo de la mesa, por el lado opuesto a donde Malcolmson se encontraba, mirando a este fijamente, pasó por delante de él y se plantó frente a la puerta. Malcolmson se vio atrapado y trató de pensar en qué hacer. Los ojos del juez, que no se apartaban de los suyos, lo hipnotizaban hasta tal punto que impedía mirar hacia otro lugar. Lo vio acercarse, interponiéndose siempre entre él y la puerta, alzar el lazo y lanzarlo hacia él como si quisiera cazarle. Con gran esfuerzo, consiguió apartarse a un lado y la cuerda cayó al suelo de roble. El juez cobró el lazo y volvió a alzarlo para capturarlo, siempre con la terrorífica mirada fija en él, y en cada ocasión, gracias a un extraordinario esfuerzo, el joven estudiante conseguía esquivarlo en el último instante. Lo mismo sucedió unas cuantas veces, sin que el juez se desanimara ni pareciera cansado por sus fallos; más bien recordaba a un gato que disfrutara jugando con un ratón. La desesperación de Malcolmson alcanzó un clímax, permitiéndole echar un vistazo a su alrededor. La luz de la lámpara resultaba deslumbrante, iluminando totalmente la estancia. En todas las ratoneras, grietas y aberturas de los paneles de las paredes vio ojos de ratas, y eso, una sencilla percepción física, le proporcionó un barrunto de calma. Vio que la cuerda de la gran campana de alarma estaba cargada de ratas. Cada pulgada de la misma estaba repleta de roedores, y más y más salían del pequeño orificio circular del techo, y bajo el peso de todas ellas la campana empezaba a oscilar.

Siguió haciéndolo hasta que el badajo tocó las paredes. El sonido resultó bajo pero la campana solo había iniciado un balanceo; aumentaría.

Al oírlo, el juez, que había mantenido la mirada fija en Malcolmson, alzó la vista y una furia diabólica le alteró el rostro. Los ojos le brillaban como carbones incandescentes y estrelló un pie contra el suelo con tal estrépito que toda la casa tembló. Un espantoso trueno rugió en el cielo cuando el juez volvió a levantar la cuerda, mientras las ratas continuaban corriendo arriba y abajo por la cuerda como si actuaran contrarreloj. Esta vez, en lugar de arrojarlo, se aproximó a su víctima sosteniendo abierto el lazo. Su cercanía poseía un efecto paralizador, y Malcolmson se quedó tieso como un cadáver. Percibió los dedos helados del juez en la garganta mientras aquella rodeaba con la cuerda. El lazo se tensó…, se tensó. A continuación, el juez, tomando al rígido estudiante en brazos, cargó con él y lo colocó en pie sobre la silla de roble, se situó a un lado, levantó un brazo y atrapó el oscilante extremo de la cuerda de la campana de alarma. Cuando subió la mano todas las ratas se escaparon chillando estrepitosamente y desaparecieron por el orificio del techo. Ató el extremo del lazo dispuesto alrededor del cuello de Malcolmson al extremo de la cuerda de la campana, y después retiró la silla.

En cuanto la campana de alarma de la casa del juez empezó a sonar se reunió una multitud. Hicieron aparición antorchas y luces diversas y rápidamente una masa silenciosa llegó hasta aquel lugar. Golpearon la puerta pero no hubo respuesta. La echaron abajo y entraron como un alud en el gran comedor, con el médico delante.

En el extremo de la cuerda de la gran campana de alarma colgaba el cuerpo del estudiante, y, en el cuadro, el juez presentaba una diabólica sonrisa.

La Squaw*

En aquella época Núremberg no era una ciudad tan turística como lo es en la actualidad. Irving aun no había interpretado Fausto y a la mayoría de los turistas ni tan solo les sonaba el nombre de la ciudad. Estando mi mujer y yo en la segunda semana de nuestra luna de miel, era natural que desearamos que alguien más se uniera a nuestro viaje, así que cuando un alegre extranjero, Elias P. Hutcheson, natural de Isthmian City, Bleeding Gulch, en el condado de Maple Tree, Nebraska, apareció en la estación de Fráncfort y comentó por azar que planeaba visitar la ciudad más castigada y antigua de Europa, y que le parecía que tanto viajar solo podía hacer que hasta la persona más experimentada y con seso acabara en el pabellón para apesadumbrados de un manicomio, captamos la insinuación y le invitamos a unirse a nosotros. Descubrimos mi mujer y yo, al escribir más tarde nuestros recuerdos, que ambos habíamos pretendido hablar con medias palabras o duda para no parecer ansiosos, pues en caso de dar esta impresión no estaríamos haciendo ningún favor a nuestro matrimonio; pero echamos a perder nuestro propósito cuando nos lanzamos a hablar torpemente y a la vez, nos callamos y volvimos a empezar de nuevo al mismo tiempo. Sea como fuere, no tuvo importancia,

* La muchacha.

lo logramos: Elias P. Hutcheson se sumó a nuestro viaje. Amelia y yo disfrutamos de un beneficio pronto; en vez de discutir, como habíamos venido haciendo, descubrimos que la presencia de un tercer miembro en el grupo ejercía tal efecto tranquilizador que aprovechamos la menor ocasión para besuquearnos en los rincones. Amelia afirma que, a resultas de aquella experiencia, desde entonces recomienda a todas a sus amigas llevarse a un amigo a la luna de miel. En fin, «hicimos» Núremberg los tres juntos y nos lo pasamos muy bien con los comentarios picantes de nuestro amigo del otro lado del Atlántico, quien, con su pintoresca manera de hablar y su asombroso historial de aventuras parecía escapado de una novela. Entre todos los lugares de interés de la ciudad, dejamos para el final el Burgo, y el día elegido para la visita paseamos por el lado oriental de la muralla exterior del casco antiguo.

El Burgo se encuentra situado sobre una gran masa escarpada, dominando la ciudad, y un foso de gran profundidad lo defiende por el flanco norte. Núremberg se enorgullece de no haber sido nunca saqueada; de haberlo sido no tendría un aspecto tan inmaculado como el que conserva hoy en día. Hacía siglos que el foso no se utilizaba, y su base estaba invalida por cafés al aire libre y huertos, en algunos de los cuales crecían árboles de gran tamaño. Mientras paseábamos alrededor de la muralla, coqueteando bajo el cálido sol de julio, nos deteníamos con frecuencia para admirar las vistas que se extendían ante nosotros, y en especial la gran llanura cubierta de pueblos y aldeas y bordeada por una línea azul de colinas, como un paisaje de Claude Lorraine. Seguidamente volvíamos los ojos con agrado a la ciudad, con su miríada de atractivos y vetustos gabletes y las hileras e hileras de amplios tejados rojos salpicados de buhardillas. Un poco a nuestra derecha se alzaban las torres del Burgo, y más cerca, la tétrica Torre de Torturas, la cual era, y puede que continúe siéndolo, el punto de mayor atracción de la ciudad. Durante siglos, el uso de la Virgen de Hierro de Núremberg ha sido ejemplo de la espantosa crueldad de la que es capaz el hombre; llevábamos mucho tiempo deseando verla, y por fin teníamos delante su hogar.

En una de nuestras paradas nos inclinamos sobre el murete del foso para mirar abajo. El jardín se encontraba a unos buenos cincuenta o sesenta pies de nosotros, y el sol caía sobre él caldeándolo con un calor tan intenso e inmóvil como el de un horno. Junto a él se elevaba la muralla gris y sombría hasta una altura en apariencia inacabable, y a derecha e izquierda se plegaba en los ángulos del bastión y la contraescarpa. Árboles y arbustos coronaban la muralla, y más allá se columbraban unas tras otras las nobles casas a las que el tiempo había bendecido con su aprobación. El sol calentaba mucho y nos sentíamos holgazanes; éramos dueños de nuestro tiempo y nos retrasábamos cuanto nos venía en gana, apoyados en el murete. Justo debajo de nosotros se desarrollaba una preciosa escena: una gran gata negra se encontraba tendida al sol, mientras a su alrededor retozaba alegre un gatito negro. La madre movía la cola para que su cría jugara con ella, o alzaba las patas y apartaba al pequeño para animarlo a nuevos juegos. Estaban al pie mismo de la muralla, y Elias P. Hutcheson, para aplaudir el juego, se agachó y cogió del camino un guijarro de buena medida.

—¡Miren! —dijo—. Lo dejaré caer junto al gatito y los dos se preguntarán de dónde ha venido.

—Tenga cuidado —dijo mi mujer—. Podría dañar a la cría.

—Eso jamás, señora —dijo Elias P.—. Soy tan pacífico como un cerezo de Maine. Bendito sea el Señor. Antes le cortaría la cabellera a un bebé que hacerle daño a esa pobre criatura. ¡Puede usted apostar sus medias de colores! Fíjese, la dejaré caer bien lejos de ellos.

Se asomó sobre el murete y, con el brazo extendido, tiró la piedra. Puede que fuera porque existe una fuerza irresistible que transforma las situaciones sin importancia en graves, o, quizás, porque el muro no era del todo vertical sino que se inclinaba en la base —sin que nosotros pudiéramos darnos cuenta desde arriba—, pero, con un desagradable ruido blando que llegó hasta nosotros a través del aire cálido, la piedra fue a caer directamente sobre la cabeza del gatito, salpicando sus sesos alrededor. La gata negra lanzó una rápida mirada hacia arriba y vimos sus ojos, en los que ardía un fuego verde, fijarse un instante en Elias P. Hutcheson; enseguida devolvió la atención a su cría, que yacía inmóvil excepto por un temblequeo en sus patitas, mientras que un hilo de sangre serpenteaba desde la cabeza fracturada. Con un grito sofocado, como el que podría emitir un ser humano, la gata se inclinó sobre su cachorro y le lamió las heridas sin dejar de gemir. Pareció advertir de súbito que estaba muerto, y una vez más alzó la vista hacia nosotros. Jamás lo olvidaré, pues aquel animal era con justicia la mismísima encarnación del odio. Los verdes ojos le brillaban, y los dientes, blancos y afilados, destacaban entre la sangre que le manchaba la piel y los bigotes. Nos enseñó los dientes y las uñas asomaron en toda su extensión en cada pata. A continuación se arrojó muro arriba en un desesperado intento por alcanzarnos, pero cuando se agotó su impulso cayó, lo que todavía empeoró su ya horrible apariencia, pues fue a caer justo encima de la cría muerta, de donde se levantó con pegotes de sangre y sesos en la piel. Amelia a punto estuvo de desmayarse y yo tuve que apartarla del muro. Había un banco cerca, a la sombra de un plátano, y la acomodé allí mientras se rehacía. Regresé junto a Hutcheson, que permanecía de pie, mirando a la colérica gata. Cuando estuve a su vera, él dijo:

—Vaya, creo que es la bestia más salvaje que he visto nunca, excepto aquella vez en que una squaw apache se empecinó en dar con un mestizo al que apodaban Astillas, después de que este le robara a su papoose durante una incursión a su poblado, como venganza por la muerte de su madre, a la que los indios habían torturado en la hoguera. Se le quedó fijada una mirada penetrante, como si siempre hubiera estado allí. Siguió el rastro a Astillas durante más de tres años, hasta que los bravos lo cogieron y se lo entregaron. Después contaron que nadie, ni blanco ni injun, había padecido una tortura más larga a manos de los apaches. La única vez que la vi sonreír fue cuando la liquidé. Llegué al campamento justo a tiempo de ver morir a Astillas, cosa que no lamento. Era un tipo duro, y aunque yo no quise volver a tratar con él después de lo del papoose, porque aquello fue cosa indigna, y porque se tendría que haber comportado como el hombre blanco que parecía ser, lo pagó con creces. Piense usted lo que quiera, pero cogí un trozo de la piel que le habían arrancado e hice fabricar con ella una cartera. ¡Aquí la llevo! —dijo dando una palmada al bolsillo del pecho de su chaqueta.

Mientras él hablaba, la gata continuaba en sus inútiles esfuerzos por trepar el muro. Retrocedía para cobrar carrerilla y se lanzaba hacia arriba, alcanzando a veces una altura impresionante. Le importaba poco la dura caída que sufría cada vez y volvía a intentarlo con vigor renovado; y con cada golpe su aspecto se hacía más espantoso. Hutcheson era un hombre de buen corazón —mi mujer y yo habíamos sido testigos de pequeñas muestras de bondad por su parte dirigidas tanto a animales como a personas— y parecía preocupado por la furia que mostraba la gata.

—No cabe duda de que esa pobre bestia está desesperada —manifestó—. Lo siento, lo siento, pobre animal, fue un accidente, aunque eso no te devolverá a tu cría. Lo juro. No lo habría realizado a propósito ni por un millar de dólares. Esto solo demuestra lo torpe y necio que puede llegar a convertirse alguien cuando no busca más que divertirse. Parece que soy tan inútil que no puedo ni jugar con un gato. Dígame, coronel —era divertida su forma de otorgar títulos gratuitamente—, espero que su esposa no me guarde rencor por este desagradable accidente. De ninguna manera era mi intención que sucediera.

Fue junto a Amelia y se deshizo en disculpas, y ella, con su amabilidad característica, se apresuró a asegurarle que se daba cuenta de que había sido un accidente. Después todos regresamos junto al muro y miramos hacia abajo.

Habiendo perdido de vista a Hutcheson, la gata había retrocedido por el foso y estaba apoyada sobre las ancas, si bien dispuesta a saltar. De hecho, brincó en cuanto lo vio, con una furia espantosa e irracional que habría resultado grotesca de no ser tan real. No intentó trepar el muro sino que simplemente se lanzó hacia arriba, donde estaba él, como si el enfado y la rabia pudieran darle alas que le permitieran salvar la distancia que los separaba. Amelia, de un modo muy femenino, se preocupó y dijo a Elias P. en plano de advertencia:

—Debe usted tener mucho cuidado. Si ese animal estuviera aquí intentaría matarlo. Posee una mirada asesina.

Él se rio sin malicia.

—Disculpe, señora, pero no puedo evitar reírme. Alguien que ha luchado contra osos pardos e injuns no puede tener miedo de que lo mate un gato.

Cuando el felino lo oyó reír, su actitud cambió. Ya no intentó trepar el muro, sino que permaneció quieto después; después volvió a sentarse junto a la cría muerta y se puso a lamerla y acariciarla como si continuara viva.

—¡Fijaos! —dije—. Ese es el efecto de un hombre fuerte. Incluso un animal presa de la rabia reconoce la voz de su señor y le reverencia.

—¡Como la squaw! —fue el único comentario de Elias P. Hutcheson cuando volvimos a tomar nuestro camino a lo largo del foso.

De cuando en cuando echábamos un vistazo sobre el muro y siempre nos dábamos cuenta de que la gata nos venía siguiendo. Al principio se alejaba de la cría muerta y después regresaba junto a ella, pero cuando nos alejamos más, la cogió con la boca para seguirnos. Al cabo de un rato, sin embargo, vimos que nos seguía ella sola; había escondido el cuerpo en algún lugar. La persistencia de la gata hizo crecer la inquietud de Amelia, que varias veces repitió su admonición, pero el yanqui siempre respondía riéndose alegre, hasta que al final, viendo que ella estaba de veras preocupada, dijo:

—Le advierto, señora, que no debe tener miedo de ese gato. Voy bien preparado. —Dio unas palmaditas a la pequeña pistola que llevaba escondida en la parte trasera de la cintura—. Si es cierto que está usted preocupada, le pego un tiro al animal, sin pensarlo, a riesgo de que la policía me ponga problemas por llevar un arma en contra de las normas. —Mientras hablaba, se inclinó sobre el muro, pero en cuanto lo vio la gata, esta retrocedió y se escondió en un cantero de flores altas—. Diría yo que ese bicho tiene más sentido común que la mayoría de cristianos. Creo que no volveremos a verla. Seguro que regresará junto al gatito muerto y celebrará un funeral privado.

Amelia prefirió callarse, no fuera que él, en una mal entendida muestra de nobleza, cumpliera su amenaza de disparar al gato. Continuamos adelante y atravesamos un pequeño puente de madera, del que partía un camino adoquinado y de acusada pendiente que unía el Burgo y la pentagonal Torre de Torturas. Mientras cruzábamos el puente tornamos a divisar a la gata abajo. Cuando nos vio, su furia retornó, e hizo esfuerzos gigantescos por salvar la empinada pared. Hutcheson se rio y dijo:

—Adiós, guapa. Siento haber herido tus emociones, pero lo superarás con el tiempo. Adiós.

Atravesamos a continuación un largo y oscuro trecho abovedado y alcanzamos la entrada del Burgo.

Cuando regresamos a salir tras nuestra visita a aquel hermoso y antiguo emplazamiento, que ni tan solo los bienintencionados trabajos de los restauradores góticos de hacía cuarenta años habían logrado arruinar —aunque su labor estaba a la vista— casi habíamos olvidado el desagradable episodio de aquella mañana. El viejo limero de nudoso tronco con casi nueve siglos de antigüedad, el profundo pozo excavado en piedra viva por prisioneros, y la encantadora vista desde la muralla de la ciudad habían borrado de nuestro cerebro el incidente del gatito muerto.

Fuimos los únicos visitantes de la Torre de Torturas aquella mañana, o al menos eso nos dijo el viejo guardián, y al tener el lugar para nosotros solos disfrutamos de una visita más detallada y satisfactoria de lo que habría sido posible en otro caso. El guardián, viéndonos como su única fuente de ingresos de aquel día, estaba deseoso de satisfacer todos nuestros caprichos. La Torre de Torturas es un sitio muy tétrico, incluso hoy en día, pese al torrente de vida aportado por los miles de visitantes y la alegría que conlleva; pero en la época de la que hablo conservaba toda su monstruosidad y terror. El polvo de siglos se adueñaba de las superficies, y la oscuridad y los horribles recuerdos que guardaba eran notorios de una forma que habría satisfecho las almas panteístas de Filón o Spinoza. La cámara inferior, por donde entramos, se encontraba tomada por una oscuridad palpable, y la luz del sol que se coló por la puerta pareció desintegrarse contra los gruesos muros, mostrando solo un atisbo de la cantería, en el mismo estado que cuando los constructores retiraron los andamios, salvo que tapizada de polvo y salpicada aquí y allí de unas manchas oscuras que, en caso de poder hablar, narrarían lúgubres historias de pánico y tortura. Nos alegramos de subir la polvorienta escalera de madera, mientras que el guardián mantenía abierta la puerta para darnos un poco de luz, ya que la vela vieja y maloliente que ardía en un candelera del muro no era bastante para nosotros. Cuando atravesamos la trampilla que daba a un rincón de la cámara superior, Amelia se pegó a mí con tanto ímpetu que sentí los latidos de su corazón. Debo reconocer que no me extrañó que tuviera miedo, ya que aquella estancia era incluso más terrorífica que la de abajo. Había más luz, pero apenas la suficiente para apreciar el espantoso contenido del lugar. Saltaba a la vista la intención de los constructores de la torre de que solo aquellos que llegaran a su cima pudieran disfrutar de luz y vistas. Allí arriba, como habíamos descubierto desde fuera, había filas de ventanas, si bien de pequeñez medieval, mientras que el resto de la torre solo contaba con las estrechísimas saeteras características de las instalaciones defensivas de la época. Unas pocas aberturas iluminaban la estancia, aunque situadas a tal altura que desde ningún sitio lograba verse el cielo. Dispuestas en bancos, o apoyadas en desorden contra los muros, había gran cantidad de espadas de caudillos, enormes mandobles de hoja ancha y muy afilados. Junto a ellas se encontraban los tajos de madera donde en otro tiempo se apoyaban los cuellos de las víctimas, bloques heridos por mellas, allá donde el acero había atravesado la carne hasta morder la madera. Alrededor de la estancia, abandonados de cualquier forma, había numerosos instrumentos de tortura, cuya visión hacía que el corazón se te encogiera: sillas erizadas de púas que causaban un pronto e intolerable dolor; sillas y sillones provistos de salientes romos y que, en apariencia, provocaban una tortura menor, aunque en realidad eran igual de eficaces, salvo que más despacio; potros, cinturones, botas, collarines, todos diseñados para ejercer presión a voluntad; cestas de acero dentro de las que podía comprimirse una cabeza, en caso de necesidad, hasta reducirla a pulpa; armas para vigilantes, provistas de un mango largo y una hoja curva y afilada en el extremo para infligir cortes a distancia, método habitual de la antigua policía de Núremberg; y muchos muchos otros instrumentos concebidos para que el ser humano inflijiera daño a sus semejantes. Amelia empalideció ante este desfile de horrores pero no llegó a desmayarse, ya que cuando se empezó a marear buscó sentarse en una silla de tortura de la que al momento se levantó con un chillido, perdida toda intención de perder el conocimiento. Nos dimos cuenta, ella y yo, que había sido el temor a que el polvo de la silla manchase el vestido, o a que las púas oxidadas lo dañaran, lo que la había hecho gritar, y el señor Hutcheson dio por buena la explicación con una risa amable.

Pero la pieza modélica de la cámara de los horrores era el artilugio conocido como la Virgen de Hierro, que estaba emplazada en el centro de la sala. Tenía una tosca silueta femenina, de estilo acampanado, o, por hacer una comparación más cercana, como la silueta de la señora Noé en el arca, salvo que sin la cintura esbelta y la perfecta rondeur de caderas características de las representaciones de la familia de Noé. Podría haberse olvidado que pretendía reproducir una figura humana si quien la fabricó no la hubiera dotado en la parte delantera de un primitivo rostro femenino. El exterior del artefacto estaba cubierto de óxido, y este a su vez de polvo; había una cuerda atada a una anilla en la parte frontal, situada cerca donde debería estar la cintura, y la cuerda pasaba por una polea fijada al pilar de madera que sustentaba la solería superior. Al tirar de la cuerda, el guardián alzó el frontal y comprobamos que el artilugio se componía de dos piezas, unidas mediante bisagras laterales a semejanza de una puerta; vimos también que era de un grosor considerable, disponiendo en su interior de apenas el espacio justo para alojar a una persona. La puerta tenía el mismo grosor y pesaba mucho, pues, pese a la ayuda de la polea, el guardián necesitó de todas sus fuerzas para levantarla. Una razón para que pesara tanto era que la puerta estaba diseñada para que no llegara a abrirse del todo, y así pudiera cerrarse por su propio peso en cuanto se soltara la cuerda. El interior estaba corroído por la herrumbre; pero no, no podía ser. La herrumbre fruto del tiempo no podría haber destruido en aquella medida, tan extremadamente, las paredes de hierro. Solo cuando nos aproximamos a examinar el lado interior de la puerta se nos reveló manifiestamente su intención. Vimos allí varias púas, fuertes y de sección cuadrada, anchas en la base y afiladas en la punta, alineadas de forma que, cuando la puerta se cerrase, las superiores perforaran los ojos de la víctima, y las inferiores el corazón y otros órganos vitales. La imagen fue demasiado para la pobre

Amelia, y esta vez sí cayó desmayada, y tuve que llevarla escaleras abajo y acomodarla en un banco de fuera para que se recuperara. La enormidad de la impresión sufrida quedó más delante de manifiesto por el hecho de que, en la actualidad, mi hijo mayor continúa teniendo una fea mancha de nacimiento en el pecho, con la forma, como toda la familia coincide, de la Virgen de Núremberg.

Cuando volvimos por fin a la sala encontramos a Hutcheson de pie frente a la Virgen de Hierro; estaba claro que había estado meditando, y compartió con nosotros sus conclusiones en forma de un breve sermón.

—Bueno, pues me parece que algo he aprendido aquí mientras la señora se recuperaba de su desmayo. Creo que estamos muy atrasados a nuestro lado del charco. Pensábamos en las llanuras que los injuns* podían enseñarnos alguna que otra cosa a la hora de hacérselo pasar mal a la gente, pero me temo que sus agentes de la ley y el orden medievales los derrotarían hasta con una mano atada a la espalda. Astillas se lo hizo pasar mal a la squaw, pero esta señorita que tenemos aquí le saca mucha ventaja a la hora de hacer sufrir al condenado. Esas puntas continúan afiladas, aunque los extremos están desgastados por lo que sea que las ensucie. Nuestra sección india haría bien en conseguir algunos juguetitos como este y repartirlos por las reservas para hacer entrar en vereda a los bravos, y también a las squaws, y enseñarles que la civilización del viejo continente les lleva ventaja hasta en la que es su especialidad. Me parece que voy a meterme en esta caja para ver qué se siente.

—¡No, no! —dijo Amelia—. ¡Es horrorosa!

---

* Injuns: Los norteamericanos llamaban injuns a sus *indios* para distinguirlos de los de la India.

—Señora, no hay nada demasiado horroroso para un espíritu explorador. En mis tiempos estuve en algunos sitios de lo más extraños. En el territorio de Montana pasé una noche entera dentro de un caballo muerto mientras la pradera ardía a mi alrededor, y dormí dentro del cadáver de un búfalo una vez que los comanches estaban en el sendero de guerra y no me apetecía encontrarme con ellos. Pasé dos días en un túnel de la mina de oro Bronco Billy en Nuevo México, y fui uno de los cuatro que quedaron encerrados las tres cuartas partes de un día en una cápsula sumergible que se hundió mientras plantábamos los cimientos del puente Búfalo. No he dado la espalda a ninguna vivencia rara, ¡y no pienso empezar ahora!

Nos dimos cuenta de que estaba decidido a realizar el experimento.

—Bueno, dese prisa, amigo —dije—, y terminemos pronto con esto.

—Muy bien, general —dijo él—, pero creo que no estamos preparados todavía. Los caballeros que me precedieron, los que estuvieron dentro de esa lata, no se ofrecieron voluntarios, ¡ni mucho menos! Así que imagino que habría algún ritual de inmovilización antes del gran final. Quiero hacer las cosas bien, así que antes me tienen que inmovilizar. Estoy seguro de que este buen amigo tiene alguna cuerda por ahí con la que me podrá atar como se tenía por costumbre.

Estas últimas palabras fueron dirigidas en tono de interrogación al viejo guardés, pero este, que comprendió en líneas generales el discurso de nuestro compañero, aunque seguramente sin captar todas las particularidades dialectales y metafóricas, dijo que no con la cabeza. Su negativa, sin embargo, fue solo de carácter formal, y efectuada para ser vencida. El yanqui le plantó una moneda de oro en la mano advirtiéndole:

—¡Aquí tienes, muchacho! Te llevas un buen pellizco, así que no te andes con remilgos. ¡No te pido nada demasiado refinado!

El guardián encontró una cuerda delgada y deshilachada y procedió a maniatar a nuestro acompañante con toda la rigurosidad que exigía el experimento. Una vez que tuvo las manos inmovilizadas, Hutcheson dijo:

—Espere usted un instante, juez. Me temo que peso demasiado para que cargue conmigo y me meta en esa lata. Deje que yo me meta dentro y después acabe usted de atarme las piernas.

Mientras hablaba se introdujo de espaldas en la cavidad, en la que casi no cabía. Entró muy justo; el artefacto estaba bien logrado. Amelia lo miraba asustada pero callaba. El guardián concluyó la labor atando los pies del yanqui, de manera que este quedó completamente indefenso y encajado en su prisión voluntaria. Nuestro acompañante estaba disfrutando de veras, y su siempre incipiente sonrisa se alargó al manifestar:

—Me parece a mí que a esta Eva la crearon a partir de la costilla de un enano. Apenas hay espacio dentro para un ciudadano de los Estados Unidos adulto. Los ataúdes que hacemos en el territorio de Idaho son más amplios. Y ahora, juez, empiece a cerrar la puerta lentamente. Quiero sentir el mismo placer que los condenados cuando esas púas se les acercaban a los ojos.

—¡No, no, no! —estalló Amelia, histérica—. ¡Es demasiado espantoso! ¡No puedo verlo! ¡No puedo!

Pero el yanqui era tozudo.

—Coronel —me dijo—, ¿por qué no se lleva a la señora a dar un paseíto? No quisiera yo herir sus sentimientos por nada del mundo, pero ya que he llegado aquí, al cabo de ocho mil millas, no me gustaría tener que renunciar a la experiencia por la que tanto he esperado y por la que acabo de pagar. Un hombre no tiene muchas ocasiones para sentirse como una sardina enlatada. El juez y yo acabaremos enseguida y después ustedes podrán regresar y todos nos reiremos.

Una vez más, triunfó el convencimiento nacido de la curiosidad, y Amelia me aferró el brazo, temblorosa, mientras el guardés empezaba a largar lentamente, pulgada a pulgada, la cuerda que sostenía la puerta de hierro. Hutcheson estaba emocionado, no despegaba los ojos de las púas que se aproximaban a él.

—¡Vaya! —dijo—. Me parece que no me lo había pasado tan bien desde que salí de Nueva York. Menos por una pelea con un marinero francés en Wapping, y aquello no fue precisamente gran cosa, no he tenido ni un buen rato en este envejecido continente, donde no hay osos ni indios y los hombres no van armados. ¡Más despacio, juez! ¡No te des prisa! ¡Quiero un buen espectáculo a cambio de mi dinero!

Por las venas del guardián debía de correr la misma sangre que por las de quienes lo precedieron en aquella torre terrorífica, porque hacía funcionar el artefacto con una soltura tan premeditada, lenta e inaguantable que al cabo de cinco minutos la puerta casi no se había cerrado más que unas pulgadas; aquella lentitud alteró a Amelia. Vi cómo los labios se le volvían blancos y sentí que todo el peso de su cuerpo cargaba sobre mi brazo. Eché un rápido vistazo alrededor en busca de un sitio donde pudiera sentarse, y cuando volví a mirarla me encontré con que tenía la vista clavada en un lateral de la Virgen. Siguiendo la dirección de su mirada descubrí a la gata agazapada en la media luz. Los ojos verdes brillaban como linternas en la penumbra del lugar, y su color se veía realzado por la sangre que todavía le manchaba la piel y la boca.

—¡La gata! ¡Cuidado con la gata! —grité cuando el felino se plantó de un salto frente al artilugio. Parecía un demonio victorioso. Los ojos le brillaban de furia, el pelaje erizado le hacía parecer el doble de su tamaño y oscilaba la cola igual que el tigre ante su presa. A Elias P. Hutcheson le hizo gracia verla, y dijo alegremente:

—¡Maldita sea! ¡Pero si la squaw se ha puesto sus pinturas de guerra! Libraos de ella si intenta algún truco, porque aquí el jefe me ha atado tan bien que si el animal trata de sacarme los ojos yo estaré indefenso. ¡Tranquilo, juez! ¡No sueltes la cuerda o estoy perdido!

Amelia terminó por desmayarse y yo tuve que sostenerla por la cintura para que no se cayera al suelo. Mientras me ocupaba de ella vi que la gata se disponía a saltar y me abalancé a espantarla.

Pero, con un aullido diabólico, se lanzó, no como pensábamos sobre Hutcheson, sino directa a la cara del guardián. Las uñas le asomaban, tan amenazadoras como las de los dragones rampantes de los dibujos chinos, y pude ver cómo una se hundía en uno de los ojos del desgraciado y lo desgarraba, y continuaba cortando mejilla abajo, abriendo un ancho surco rojo del que manó la sangre como si allí convergieran todas las venas de su cuerpo.

Con un grito de pánico previo incluso a la aparición del dolor, el hombre retrocedió de un salto, soltando la cuerda que sujetaba la puerta de hierro. Me lancé a por ella, pero demasiado tarde; la cuerda corrió como un rayo por la garganta de la polea, y la pesada puerta cayó por su propio peso.

Antes de que se cerrara tuve una última imagen de nuestro pobre acompañante. Parecía petrificado de terror. Tenía la mirada fija, presa de una angustia terrible, y ningún sonido articulaba su boca.

Y las púas cumplieron su labor. Por lo menos su final fue rápido; cuando tiré de la puerta para abrirla vi que se habían quedado trabadas en el cráneo después de atravesarlo, y al levantarse alzaron con ellas el cuerpo, sacándolo de la prisión de hierro, tras lo que se desplomó al suelo cuan largo era con un desagradable sonido blando y el rostro hacia arriba.

Corrí junto a mi mujer, la levanté y la saqué de allí, temiendo por su sensatez en caso de que despertara y se encontrara con semejante escena. La tendí en un banco del exterior y corrí de regreso adentro. Apoyado contra la columna de madera, el guardián gemía de dolor y sostenía un pañuelo ensangrentado contra los ojos. Y sentada sobre la cabeza del pobre yanqui se hallaba la gata, ronroneando mientras lamía la sangre que brotaba de las laceradas cuencas de los ojos.

Espero que nadie me acusará de bárbaro por haber utilizado uno de los viejos mandobles y seccionado al animal en dos.

El secreto del oro creciente

Cuando Margaret Delandre fue a vivir a Brent's Rock todo el vecindario se abandonó al placer de un nuevo y original escándalo. Los escándalos relacionados con las familias Delandre y Brent menudeaban, y si se hubiera publicado una detallada historia secreta del condado, ambos apellidos habrían contado con una buena representación. Es verdad que el estatus de las dos familias era tan diferente que bien podrían haber pertenecido a continentes distintos —o a mundos distintos— ya que hasta entonces sus órbitas nunca se habían cruzado. Los Brent eran considerados, por unanimidad, la familia más célebre del condado, y siempre se habían movido muy por encima de la clase de terratenientes rurales a la que Margaret Delandre pertenecía, de idéntica forma que un hidalgo español de sangre azul se encuentra por encima de sus granjeros arrendatarios.

El linaje de los Delandre provenía de antiguo y, a su modo, se pavoneaban de él tanto como los Brent del suyo. Pero la familia nunca había prosperado más allá del rango de los terratenientes rurales; y a pesar de haber disfrutado de una posición acomodada en los viejos buenos tiempos de las guerras foráneas y el proteccionismo, su fortuna se había agostado bajo el sol del libre comercio y las «felices épocas de paz». Como sus miembros de mayor edad tenían costumbre de afirmar, estaban «arraigados a aquella tierra» y, por ello, habían terminado echando raíces en ella, en cuerpo y en alma. De hecho, habiendo elegido la vida de los vegetales se habían desarrollado como lo hacen estos: creciendo y floreciendo en las buenas temporadas y sufriendo en las malas. Su propiedad, Dander's Croft, se encontraba arruinada, a semejanza de la familia que la habitaba. Esta había venido decayendo generación tras generación, enviando al mundo de cuando en cuando algún débil retoño, en forma de un soldado o un marino que se habían abierto camino hasta las graduaciones inferiores de sus respectivos servicios para allí quedarse estancados, impedida su promoción bien por falta de compromiso y valentía a la hora de entrar en acción, bien por esa querencia autodestructiva propia de hombres sin cultura y que no han recibido suficiente afecto en la infancia: el anhelo de una posición superior a la suya y, al mismo tiempo, la consciencia de que jamás serán capaces de alcanzarla. De forma que, poco a poco, la familia se hundió cada vez más; los hombres, huraños e insatisfechos, bebiendo hasta matarse, las mujeres trabajando como esclavas en la casa o casándose con hombres de clase más baja que la suya, o haciendo cosas peores. Con el tiempo todos fueron desapareciendo, hasta que no quedaron más que dos en Dander's Croft, Wykham Delandre y su hermana Margaret. Ambos parecían haber heredado, uno en forma masculina y la otra en femenina, la maléfica propensión de su saga, compartiendo los rasgos principales pero manifestándolos de formas distintas: cólera huraña, sensualidad y temeridad.

La historia de los Brent había sido parecida, pero siendo las causas de su decadencia las propias de la aristocracia, no las de los plebeyos. Ellos, también, habían enviado sus retoños a las guerras; pero los rangos que consiguieron fueron diferentes a los de los Delandre y con frecuencia se habían visto condecorados, pues todos sin excepción eran valientes, y protagonizaron acciones valerosas antes de que la corrupción egoísta que era su baldón minara su vigor.

El actual cabeza de familia —si de una familia puede llamarse así cuando solo queda un miembro de la línea directa— era Geoffrey Brent. Era el prototipo de heredero de una estirpe arruinada, manifestando por un lado sus más brillantes cualidades y por otro su total degradación. Se lo podría comparar sin equivocarme con los nobles italianos de antaño cuyas efigies han preservado los pintores, mostrándonos su temple, su ausencia de escrúpulos, su lujuria y crueldad refinadas, la sensualidad manifiesta y la maldad en potencia. Era, ciertamente, atractivo; provisto de la belleza morena, aquilina e impresionante que las mujeres identifican con frecuencia como superior a todas las demás. Con los hombres se comportaba él de forma distante y fría; pero tal manera de actuar nunca aparta al sexo femenino. Las inescrutables leyes del sexo han dispuesto que ni la más tímida de las mujeres sienta temor ante un hombre altivo y temible. De forma que casi no se podía encontrar a una mujer, fuera cual fuera su clase o situación, que viviera a la vista de Brent's Rock, que no albergara una secreta admiración por aquel vago atractivo. El conjunto era numeroso, pues Brent's Rock se alzaba prominente en mitad de una región llana, y desde cientos de millas a la redonda, sus altas y antiguas torres y los tejados empinados sobresalían en el horizonte por encima de bosques, aldeas y las escasas y diseminadas mansiones.

Siempre que Geoffrey Brent circunscribiera su libertinaje a Londres, París y Viena —cualquier lugar fuera del alcance de la vista y los oídos de sus vecinos— la gente dejaba de opinar sobre él. Es fácil escuchar con impasibilidad noticias lejanas, podemos recibirlas con reparo, burla, desdén o cualquier otra actitud fría que consideremos adecuada. Pero cuando el escándalo se aproximó, varió la cosa, y los sentimientos de independencia e integridad propios de toda comunidad que no esté moralmente hundida se manifestaron y solicitaron condena. Incluso así, hubo una reticencia generalizada, y no se reclamaban más noticias de los hechos que las estrictamente necesarias. Margaret Delandre actuaba de forma tan audaz y abierta, aceptaba su posición como legítima compañera de Geoffrey Brent de modo tan natural, que la gente llegó a pensar que se había casado con él en secreto, y consideraron más prudente morderse la lengua, no fuera que el tiempo le diera la razón a ella y la convirtiera en un enemigo a tener en cuenta.

La única persona que, mediante su intervención, podría haber puesto fin a las dudas, se veía privada de actuar debido a las circunstancias. Wykham Delandre se había peleado con su hermana —o quizás fuera ella quien se peleó con él— y no se encontraban en términos de una simple neutralidad armada sino de odio tenso y público. La pelea había tenido lugar antes de que Margaret se fuera a Brent's Rock. Ella y Wykham a punto habían estado de llegar a la violencia física. Se habían lanzado amenazas por ambas partes, y al final Wykham, dominado por la cólera, había ordenado a su hermana que abandonara la casa. Ella se puso en pie enseguida y, sin molestarse en recoger sus bienes personales, marchó de la vivienda. En el umbral se detuvo un instante para advertir con acritud a Wykham que este lamentaría hasta su último momento de su vida lo que había hecho ese día. Pasaron unas semanas y en el pueblo todos daban por sentado que Margaret se había ido a Londres, cuando de repente apareció en compañía de Geoffrey Brent, y antes del anochecer todo el vecindario sabía que se había trasladado a Brent's Rock. No causaba sorpresa que Brent se hubiera presentado de forma súbita, pues esa era su costumbre. Ni tan solo sus sirvientes sabían nunca cuándo podían esperarlo; existía una puerta privada, de la que solo él tenía llave, por la que a veces entraba sin que nadie en la casa se enterara de su llegada. Era esa su manera de aparecer después de una larga ausencia.

La noticia enfureció a Wykham Delandre. Juró venganza y, para que su buen juicio no pusiera obstáculo a la cólera, bebió más que nunca. Varias veces trató de ver a su hermana, pero ella, despreciativa, no quiso recibirlo. Intentó entonces hablar con Brent, que también rehusó reunirse con él. Trató de interceptarlo en el camino, pero sin éxito, pues Geoffrey no era un hombre al que se le pudiera detener en contra de su voluntad. Hubo varios encuentros fallidos entre los dos hombres, además de otros intentos, tramados por uno y evitados por el otro. Al final Wykham Delandre hubo de aceptar la situación, aunque no sin enfado ni espíritu vengativo.

Ni Margaret ni Geoffrey eran de carácter pacífico, así que no transcurrió mucho tiempo antes de que se iniciaran las peleas entre ellos. Una cosa llevaba a otra y el vino corría en abundancia en Brent's Rock. De cuando en cuando las peleas tomaban un sesgo amargo, y las amenazas se lanzaban en términos tan duros que atemorizaban a los criados. Pero las peleas terminaban donde generalmente suelen hacerlo los altercados domésticos, en reconciliación, y en un mutuo respeto por el carácter del contrincante y sus dotes para la lucha. Pelearse por el único hecho de hacerlo es algo en lo que cierta clase de personas, en todo el mundo, encuentra un interés apabullante, y no hay motivos para creer que las condiciones domésticas mengüen tal atracción. Geoffrey y Margaret salían de vez en cuando de Brent's Rock, y también Wykham Delandre salía de casa, dispuesto a encontrarse con ellos; pero como casi siempre tenía noticia demasiado tarde de que la pareja estaba fuera, él volvía sobre sus pasos más amargado y desilusionado que antes.

Finalmente, la pareja se ausentó de Brent's Rock más tiempo de lo habitual. Unos días antes habían tenido una pelea, que superó en crudeza a todas las anteriores; pero también esta vez había llegado la reconciliación, y hablaron en presencia de los sirvientes de un viaje al continente. Al cabo de pocos días Wykham Delandre se ausentó también, y pasaron varias semanas hasta su vuelta. Los vecinos se dieron cuenta de sus nuevas pavonerías, se mostraba satisfecho, exaltado; apenas tenían idea de cómo calificarlo. Fue directo a Brent's Rock y exigió ver a Geoffrey Brent, y cuando le informaron de que todavía no había regresado, dijo con una resolución execrable que los sirvientes no dejaron de notar:

—Volveré. Tengo noticias importantes que no pueden demorarse.

Dio media vuelta y se fue. Pasaron las semanas y después los meses, y llegó entonces el rumor, después confirmado, de que se había producido un accidente en el valle de Zermatt. Cuando atravesaba un peligroso paso montañoso, el carruaje donde viajaban una dama inglesa y su cochero se habían despeñado por un precipicio; el caballero que los acompañaba, el señor Geoffrey Brent, había tenido la suerte de salvarse, pues en ese instante no iba a bordo sino que subía la pendiente a pie para facilitar la labor de los caballos. Dio aviso de lo ocurrido y se organizó la búsqueda. El parapeto roto, el camino en mal estado, las marcas dejadas por los caballos al forcejear en el terraplén antes de caer por último al torrente que discurría abajo… todo confirmaba el triste suceso. Era la temporada de lluvias y en invierno había nevado mucho, así que el nivel del río estaba mucho más alto de lo normal y la corriente arrastraba témpanos de hielo. Se realizó una búsqueda minuciosa, y finalmente los restos del carruaje y el cadáver de un caballo fueron encontrados en un remanso. Más adelante el cuerpo del cochero apareció en una llanura de aluvión cerca de Täsch; pero del de la mujer, así como del segundo caballo, no había rastro; lo que para entonces quedara de ellos estaría dando vueltas en los remolinos del Ródano, de camino al lago Ginebra.

Wykham Delandre efectuó todas las averiguaciones posibles pero no encontró ninguna prueba de la mujer desaparecida. Descubrió, sin embargo, en los libros de registro de varios hoteles el nombre de «señor Geoffrey Brent y señora». Levantó una estela en Zermatt en memoria de su hermana, empleando su nombre de casada, e hizo colocar una lápida en la iglesia de Bretten, la parroquia a la que pertenecían tanto Brent's Rock como Dander's Croft.

Fue necesario casi un año para que la conmoción provocada por el accidente se extinguiera y el vecindario volviera a sus rutinas. Brent seguía ausente, y Delandre bebía más y estaba más agriado y vengativo que nunca.

Se produjo entonces un nuevo revuelo. Brent's Rock se preparaba para la llegada de una nueva señora. El mismo Geoffrey dio la vuelta de manera oficial en una carta enviada al vicario, en la que le daba cuenta de que unos meses atrás había contraído matrimonio con una dama italiana, y que se encontraban de camino a casa. Un pequeño ejército de obreros invadió Brent's Rock; los martillos y las garlopas se escuchaban todo el día y en el aire se esparcían los olores de la cola y la pintura. El ala sur de la vieja casa se reformó por completo y los trabajadores se fueron, dejando nada más que los materiales para el arreglo del antiguo salón, que se efectuaría al regreso de Geoffrey Brent, quien deseaba dirigirlo personalmente. Llevaba consigo dibujos detallados de un salón en la residencia del padre de su esposa; quería reproducir para ella la estancia a la que estaba acostumbrada. Como había que rehacer las molduras, se llevaron postes y tableros para elevar andamios y lo dejaron todo apilado a un lado del gran salón, así como un enorme tanque o caja de madera para mezclar la cal, de la que también se prepararon unos cuantos sacos.

Cuando llegó la nueva señora de Brent's Rock, repicaron las campanas de la iglesia y hubo contento generalizado. Era una criatura maravillosa, llena de poesía, con el fuego y la pasión del sur; y las pocas palabras en inglés que había aprendido fueron pronunciadas de modo tan dulce y vacilante que pronto se ganó el corazón de la gente, que no sabía qué le gustaba más de ella, si la música de su voz o la hermosura cautivadora de sus oscuros ojos.

Geoffrey Brent se mostraba más feliz que nunca; pero su expresión tenía un cariz oscuro y ansioso que quienes lo conocían desde hacía mucho identificaron como algo nuevo, y a veces se excitaba, como por la irrupción de una voz inaudible para los demás.

Y pasaron los meses y corrió el rumor, cada vez más insistente, de que en Brent's Rock iba a haber un heredero. Geoffrey era muy cariñoso con su mujer, y su vínculo parecía haberlo aplacado. Mostraba mayor interés que nunca por sus arrendatarios y por las necesidades de estos; y se sucedieron las obras de caridad, tanto por parte de él como de su bella y joven esposa. Geoffrey parecía haber depositado todas sus esperanzas en el niño que se hallaba en camino, y, al poner la vista en el futuro, la negra expresión que le alteraba el rostro fue poco a poco moderándose.

Mientras tanto Wykham Delandre continuaba alimentando su ansia vengativa. En el fondo de su corazón había brotado un deseo de represalia que solo aguardaba una ocasión para llevarla a cabo y adoptar su forma definitiva. Su vaga idea se dirigía contra la esposa de Brent, a sabiendas de que podía causarle más daño a través de aquellos a los que amaba, y los tiempos venideros parecían albergar en su seno la oportunidad por él deseaba. Una noche estaba él sentado a solas en el salón de su casa. En otra época había sido una hermosa estancia, a su estilo, pero el tiempo y el abandono le habían pasado factura y su estado ahora era poco más que calamitoso, sin rastro de dignidad ni atractivo de ninguna clase. Él llevaba un buen rato bebiendo sin parar y se encontraba algo más que turbado. Le pareció oír a alguien en la puerta y alzó la vista. Ordenó a gritos a quien fuera que pasara, pero no hubo contestación. Murmuró una blasfemia y volvió a sus libaciones. Poco después, hundido en el atontamiento, inconsciente de cuanto lo rodeaba, se sobresaltó de pronto al ver que ante él se hallaba en pie alguien o algo que recordaba a una versión ajada y fantasmagórica de su hermana. Por unos momentos le dominó el pánico. La mujer que estaba frente a él, de rasgos deformados y mirada ardiente casi no tenía traza humana, y lo único que conservaba de su hermana, tal como antes había sido, era la abundante melena dorada, si bien se hallaba ahora mezclada de gris. Ella lo contempló fría y largamente, y él, al mirarla a su vez y cobrar conciencia de lo real de su presencia, sintió rebrotar en su corazón el odio que en otro tiempo había sentido contra su hermana. Toda la cólera contenida durante el último año cobró voz de repente cuando él preguntó:

—¿Qué haces aquí? Estás muerta y enterrada.

—Estoy aquí, Wykham Delandre, no porque te quiera, sino porque odio a otro incluso más de lo que te odio a ti.

Sus ojos ardían de furor.

—¿A él? —susurró su hermano con rabia tal que la mujer se asombró y necesitó un momento para recobrar la calma.

—¡Sí, a él! —respondió—. Pero no te confundas, mi venganza es cosa mía, y solo te utilizaré para que me ayudes.

—¿Se casó contigo? —preguntó Wykham.

El demacrado rostro de mujer se ensanchó en un espantoso intento de sonrisa. Fue un simulacro terrorífico; los rasgos rotos y las suturas adoptaron extrañas facciones y tonalidades, y cuando los músculos tensionados presionaron contra las viejas cicatrices asomaron desagradables líneas blanquecinas.

—¡Eso te gustaría saber! A tu orgullo le complacería enterarse de que tu hermana llegó a casarse de verdad. Bien, jamás lo sabrás. Aquella fue mi venganza contra ti y no pienso cambiarla ni un ápice. He venido esta noche nada más que para hacerte saber que estoy viva, y así, si allí adonde me dirijo soy víctima de alguna forma de violencia, habrá un testigo.

—¿Adónde vas? —quiso saber el hermano.

—¡Es cosa mía! ¡No tengo la menor gana de confesártelo!

Wykham se levantó, pero había bebido demasiado, vaciló y cayó desplomado. Tendido en el suelo declaró su deseo de seguir a su hermana; y en un estallido de humor enfermizo le dijo que la seguiría a través de la oscuridad gracias al brillo de su pelo y de su hermosura. Ella se volvió hacia él y le dijo que habría otros para los que su cabello y su belleza serían también causa de arrepentimiento.

—Es lo que le pasará a él —murmuró—, porque el pelo permanece aunque la belleza haya desaparecido. Cuando liberó el freno y nos lanzó al río, precipicio abajo, poco le importó mi belleza. A lo mejor la suya también se marchitaría si bajara dando tumbos contra las rocas del Visp, como me pasó a mí, o si acabara convertido en un témpano de hielo. ¡Pero dejemos que se preocupe! ¡Su hora está próxima! —exclamó, y abrió furiosa la puerta y desapareció en la negrura.

Más tarde, esa misma noche, la señora Brent, que no estaba dormida del todo, se sobresaltó y dijo a su esposo:

—Geoffrey, ¿no ha sido eso el ruido de una cerradura en la planta baja?

Pero Geoffrey —pese a que a ella le había parecido que también se había sobresaltado con el ruido— parecía profundamente dormido y su respiración era acompasada. La señora Brent volvió a adormecerse, pero se despertó de nuevo al notar que su esposo se había puesto en pie. Él estaba a medio vestir y mortalmente desencajado, y cuando la lámpara que llevaba en la mano le iluminó la cara, a ella le asustó su mirada.

—¿Qué pasa, Geoffrey? ¿Qué haces? —preguntó.

—¡Calla, pequeña! —contestó él con tono extraño, áspero—. Duerme. Estoy nervioso. Voy a terminar un trabajo que dejé a medias.

—Tráelo aquí, esposo —dijo ella—. Tengo miedo de quedarme sola. No me gusta que no estés conmigo.

A modo de contestación él se limitó a besarla y salió cerrando la puerta. Ella permaneció despierta un rato, hasta que el cansancio la venció y cayó dormida.

Se despertó de golpe, con el eco en los oídos de un grito amortiguado, proveniente de no muy lejos. Saltó de la cama, corrió a la puerta y escuchó, pero no se oía nada.

Preocupada por su esposo, lo llamó: «¡Geoffrey, Geoffrey!».

Al cabo de unos momentos se abrió la puerta del gran salón y apareció Geoffrey, pero sin la lámpara.

—¡Calla! —susurró, en tono áspero y severo—. ¡Calla! ¡Regresa a la cama! Estoy trabajando y no se me debe molestar. ¡Regresa a la cama y no despiertes a toda la casa!

Con un escalofrío, pues jamás había oído hablar a su esposo con tal dureza, ella volvió a la cama a regañadientes y se tumbó, temblorosa, demasiado asustada para llorar, atenta a todos los sonidos. Se produjo una larga pausa silenciosa, tras la que llegaron los golpes sordos de algún tipo de herramienta de hierro. Seguidamente, el ruido de una piedra pesada al caer al suelo, acompañado de una maldición entre dientes. Después el sonido de algo al ser arrastrado y nuevos golpes, esta vez de piedra contra piedra. Percibió un sonido raro, como si abajo estuvieran rascando algo, y después silencio. Pronto la puerta se abrió despacio y entró Geoffrey. Su mujer se hizo la dormida pero entre las pestañas lo vio lavarse las manos para retirar algo blanco que parecía yeso.

Por la mañana no hizo ninguna alusión a la noche anterior; le daba miedo hacer preguntas.

Desde aquel día una sombra se cernió sobre Geoffrey Brent. No comía ni dormía como antes, y retomó su antigua costumbre de volverse de pronto como si alguien le hablara a su espalda. Cuando el capataz de los obreros regresó para preguntar cuándo podían continuar los trabajos, Geoffrey había salido con su carruaje; el hombre fue al salón, y, cuando Geoffrey volvió, un sirviente le informó de la visita y de dónde se encontraba. Con un juramento aterrador apartó a un lado al sirviente y corrió al antiguo salón. Cuando Geoffrey irrumpió en la estancia, casi chocó con el trabajador, que iba camino de la puerta.

—Mil perdones, señor, justo ahora iba a hacer unas pesquisas. Di orden para que enviaran doce sacos de cal pero no veo más que diez.

—¡Malditos sean los diez sacos de cal y también los doce! —fue la poco amable e incomprensible respuesta.

Estupefacto, el trabajador intentó cambiar de tema.

—Verá usted, señor, hay un pequeño desperfecto que nuestros hombres deben de haber causado, pero, sin problema, mi superior correrá con los gastos de la reparación.

—¿De qué está hablando?

—Aquella losa de la chimenea, señor. Algún memo debe de haber apoyado en ella el poste de un andamio y la ha fracturado por la mitad. Es un poco extraño, porque es muy gruesa y parece apta para soportar cualquier peso.

Geoffrey se quedó un minuto callado, al cabo del cual dijo en tono moderado y de modo mucho más amable:

—Diga a sus hombres que de momento no voy a hacer nada en el salón. Lo dejaré como está durante una temporada.

—Muy bien, señor. Enviaré a unos muchachos para que se lleven los andamios y los sacos de cal y limpien esto un poco.

—¡No! ¡No! —dijo Geoffrey—. ¡Déjenlo todo donde está! ¡Yo le avisaré cuando haya que reanudar el trabajo!

El capataz se fue y dijo después a su jefe:

—Yo mandaría la factura por el trabajo que ya está realizado. Creo que no sobra el dinero en esa casa.

Una o dos veces Delandre intentó interceptar a Brent en la carretera, y, al darse cuenta que nada lograría así, cabalgó tras el carruaje gritando:

—¿Qué ha sido de mi hermana, tu mujer?

Geoffrey fustigó a los caballos para ponerlos al galope, y el otro, al ver por su palidez y porque su esposa estaba al borde del desmayo que había conseguido su propósito, se alejó soltando una sonora carcajada.

Esa noche, cuando Geoffrey entró en el salón y pasó junto a la gran chimenea retrocedió asustado, sofocando un grito. Con gran trabajo, se recompuso y salió de la estancia, a la que regresó llevando una luz. Se inclinó sobre la losa fracturada de la chimenea para comprobar si la luz de la luna que atravesaba la historiada ventana le había engañado. Con un lamento de angustia cayó de rodillas.

Sin lugar a dudas, a través de la grieta en la losa rota, asomaban unas hebras de cabello dorado, entreveradas de gris.

Alertado por un ruido en la puerta, se volvió y vio a su mujer, en pie en el umbral. En la desesperación del momento, tomó medidas para evitar que ella descubriera nada; encendió una cerilla con la lámpara, se agachó y quemó el pelo que brotaba de la losa rota. Acto seguido, se puso de pie de forma tan despreocupada como fue capaz y fingió estar sorprendido al encontrar a su esposa a su lado.

Pasó la siguiente semana presa de la agonía, ya que, bien por casualidad o bien por determinación, le era imposible estar a solas en el salón. En cada visita, el cabello había vuelto a crecer a través de la grieta y él debía vigilarlo en todo instante a fin de que su horrible secreto no fuera descubierto. Intentó dar con un escondrijo fuera de la casa para el cadáver de la mujer, pero siempre lo interrumpía alguien; y, en una ocasión, cuando salía por su puerta secreta se cruzó con su esposa, que lo interrogó al respecto y dejó manifiesto su asombro por no haberse percatado jamás de la llave que él le mostraba ahora con tanta resistencia. Geoffrey amaba sincera y apasionadamente a su mujer, así que la posibilidad de que ella descubriera sus espantosos secretos, o incluso de que dudara de él, lo llenaba de angustia; y al cabo de un par de días no pudo evitar llegar a la conclusión de que, de alguna manera, ella sospechaba algo.

Esa misma noche ella entró al salón después de su paseo y lo encontró sentado y deprimido ante la chimenea apagada. Le habló sin tapujos:

—Geoffrey, ese hombre, Delandre, ha hablado conmigo. Dice cosas espantosas. Me ha contado que hace una semana su hermana regresó a casa, convertida en una ruina, en un despojo. Lo único que quedaba de ella tal como era antes era su pelo, dorado como el oro, y lo advirtió de un propósito execrable. Me preguntó dónde está ella, pero, Geoffrey, está muerta, ¡muerta! ¿Así que cómo puede haber regresado? ¡Estoy llena de miedo y no sé qué conducta seguir!

A modo de contestación, Geoffrey prorrumpió en una retahíla de blasfemias que la hizo temblar. Geoffrey maldijo a Delandre y a su hermana y a toda su familia, y en particular dedicó maldición tras maldición a su cabello dorado.

—¡Calla, calla!—dijo ella, y también calló, pues le daba miedo el estado de su esposo.

Geoffrey, impulsado por la rabia, se levantó y se apartó de la chimenea, pero se detuvo de repente al contemplar la nueva expresión, de terror, en el rostro de su esposa. Siguió la dirección de su mirada y también se estremeció, porque un mechón dorado se escapaba por la grieta de la losa y se extendía sobre esta.

—¡Mira, mira! —gritó ella—. ¡Una aparición fantasmal! ¡Vámonos, vámonos de aquí!

Y cogiendo fuertemente a su esposo por la muñeca, con el delirio fruto de la locura, lo sacó a rastras de la estancia.

Esa noche ella tuvo fiebre muy alta. El médico del distrito acudió pronto a atenderla y se telegrafió a Londres solicitando la llegada de un especialista. Geoffrey estaba desesperado; la angustia que le producía la situación de su joven esposa casi le hizo olvidarse de su crimen y de sus consecuencias. Por la tarde el médico tuvo que irse para atender a otros pacientes, dejando que Geoffrey cuidara de su mujer.

—Recuerde, debe usted lograr que continue serena hasta que yo regrese mañana por la mañana, o hasta que otro médico se haga cargo del caso. Lo que hay que evitar, por encima de todo, es otro arrebato emocional. Cuide de mantenerla abrigada. No se puede hacer otra cosa.

Más tarde, esa noche, cuando toda la servidumbre se había retirado ya, la esposa de Geoffrey se levantó de la cama y dijo a su marido:

—¡Vamos! ¡Vamos al antiguo salón! ¡Yo sé de dónde sale el oro! ¡Quiero verlo crecer!

Geoffrey la habría detenido de buen grado, pero, por una parte, temía por la vida y la sensatez de su esposa, y por otra quería evitar que, en un ataque, ella revelara a gritos sus terribles sospechas, y viendo que era inútil tratar de apartaba, la envolvió en una manta y la acompañó al antiguo salón. En cuanto entraron, ella echó la llave.

—No quiero que ningún desconocido nos moleste esta noche a nosotros tres —susurró con una melancólica sonrisa.

—¿Nosotros tres? ¡Aquí solo estamos dos! —dijo Geoffrey temblando. Tuvo miedo de decir nada más.

—Siéntate aquí —dijo su esposa apagando la luz—. Sentémonos junto a la chimenea y veamos crecer el oro. ¡La luz plateada de la luna tiene envidia! Mira cómo se desliza sigilosa por el suelo hacia el oro, ¡nuestro oro!

Geoffrey miró, con aumentado temor, y constató que en las horas que habían transcurrido desde su última visita al salón el cabello que salía de la grieta en la losa había continuado creciendo. Intentó taparlo poniendo los pies sobre la rotura; y su esposa, acercando su silla a la de él, recostó la cabeza en su hombro.

—No te muevas, querido —dijo—. Quedémonos sentados, quietos, y observemos. ¡Juntos descubriremos el secreto del oro que crece!

Él la rodeó con un brazo y permaneció sentado en silencio, y, mientras la luz de la luna se deslizaba por el suelo, ella se quedó dormida.

Tenía él miedo de despertarla, así que continuó sentado y abatido mientras pasaban las horas.

Ante sus ojos aterrorizados, el cabello dorado crecía y crecía, y al mismo tiempo el corazón de Geoffrey se enfriaba cada vez más, hasta que al final no le quedaron fuerzas para moverse, y permaneció sentado, contemplando horrorizado su condenación.

Por la mañana, cuando llegó el médico de Londres, Geoffrey y su mujer habían desaparecido. Buscaron inútilmente en todas las habitaciones. Como último recurso, se forzó la gran puerta del vetusto salón y quienes entraron descubrieron una visión tétrica y escalofriante.

Junto a la chimenea apagada se encontraban sentados Geoffrey Brent y su joven esposa, helados, pálidos y muertos. La expresión de ella era pacífica y tenía los ojos cerrados como si durmiera; pero el rostro de él, con una expresión de espanto intolerable, hizo conmover a cuantos lo presenciaron. Tenía abiertos los ojos, que miraban vidriosos a sus pies, enredados en unos mechones de cabello dorado, mezclado con gris, que brotaban de la losa fracturada de la chimenea.

La profecía gitana

—Creo de veras —dijo el médico— que, en cualquier caso, uno de nosotros debería ir a comprobar si se trata de un engaño.

—Muy bien —dijo Considine—. Después de cenar nos fumaremos un cigarro mientras vamos dando un paseo al campamento.

De acuerdo al plan, al cabo de la cena, y cuando terminaron el La Tour, Joshua Considine y su amigo, el doctor Burleigh, se dirigieron hacia el este del páramo, donde se asentaba el campamento gitano. Al principio del paseo, Mary Considine, que los había acompañado hasta donde terminaba el jardín y arrancaba el camino, llamó la atención de su esposo para decirle:

—Recuerda, Joshua, les vas a conceder una oportunidad, pero no les des pistas que los ayuden a predecir tu futuro, y nada de flirtear con las chicas gitanas, y asegúrate de que Gerard no se meta en embrollos.

A manera de contestación Considine alzó una mano, como si estuviera parando un carruaje, y silbó la melodía de la vieja canción «The Gipsy Countess». Gerald se unió a la interpretación y, riendo alegremente, los dos hombres abandonaron el camino y penetraron en las tierras comunales, volviéndose de cuando en cuando para saludar con la mano a Mary, que, inclinada sobre la portilla, a la luz del crepúsculo, observaba cómo se alejaban.

Era un hermoso atardecer de verano, la atmósfera estaba llena de paz y serena felicidad, como si la tranquilidad y el júbilo que hacían del hogar de la joven pareja un lugar celestial se hubieran proyectado puertas afuera. Considine no había tenido una vida difícil. El único episodio perturbador había sido su coqueteo a Mary Winston, y la negativa recia y persistente de sus ambiciosos padres, que deseaban un buen partido para su única hija. Cuando el señor y la señora Winston descubrieron el cariño que el joven abogado tenía a su hija, intentaron de separar a la pareja enviando a Mary a un largo periplo de viajes, no sin antes hacerla prometer que no mantendría correspondencia con su amado durante la ausencia. El amor, sin embargo, superó la prueba. Ni la ausencia ni la falta de comunicación hicieron mella en la pasión del joven, y su naturaleza optimista parecía desconocer los celos; así que, tras una larga espera, los padres cedieron y la pareja contrajo matrimonio.

Llevaban unos meses viviendo en el cottage, que empezaban a sentir como su hogar. Gerald Burleigh, viejo amigo de Joshua de los tiempos de la universidad, y también él una víctima de los encantos de Mary, había llegado hacía una semana, dispuesto a quedarse con ellos tanto tiempo como se lo permitiera su trabajo de Londres.

Cuando su marido se perdió de vista, Mary regresó a la casa, se sentó al piano y dedicó una hora a Mendelssohn.

El campamento gitano estaba a un breve paseo de distancia, y los dos hombres llegaron antes de terminar sus cigarros. Era tan atractivo como suelen serlo los campamentos gitanos, siempre que estén en el campo y el negocio marche viento en popa. Unas pocas personas se encontraban alrededor de una hoguera, invirtiendo su dinero en adivinar su destino, y un número mucho mayor, gente más pobre o más remolona, más allá del límite del campamento pero lo bastante próxima como para ver lo que ocurría.

Al acercarse los dos caballeros, los vecinos, que conocían a Joshua, les abrieron paso, y una atractiva gitana de intensa mirada les salió al paso y se ofreció a leerles su destino. Joshua tendió la mano, pero la chica, como si ni siquiera se hubiera dado cuenta, lo miró a los ojos de forma muy inquietante. Gerald dio un codazo a su amigo.

—Debes obsequiarla con plata —dijo—. Es una de las partes fundamentales del ritual.

Joshua sacó media corona del bolsillo y se la tendió a la chica, que ni tan solo se dignó mirarla, sino que dijo:

—Parece que es con oro con lo que debes pagarla —dijo Gerald riéndose—. Eres una presa de primera clase.

Joshua era de la clase de hombres —la más extendida a nivel universal— que disfrutan siendo contemplados por una chica atractiva, así que con moderada prudencia contestó:

—Muy bien, aquí tienes, preciosa, pero a cambio debes conseguirme un destino propicio —dijo dándole medio soberano, que ella tomó.

—No depende de mí —dijo la chica— que el destino sea bueno o malo. Yo solo leo lo que dicen las estrellas.

La gitana le tomó la mano y volvió la palma hacia arriba; pero en cuanto posó la vista en ella la soltó tan deprisa como si estuviera candente, y con una mirada de sobresalto se desapareció a toda prisa. Apartó la cortina que cerraba una gran tienda en el centro del campamento y penetró en su interior.

—¡Te ha timado! —dijo el hipócrita de Gerald, mientras Joshua permanecía dubitativo y nada contento.

Los dos contemplaban la gran tienda. Unos instantes después salió de ella no la muchacha, sino una mujer de mediana edad de impresionante apariencia y aires de mando.

En cuanto apareció, todo el campamento quedó en silencio. El clamor de conversaciones en diferentes lenguas, de risas y el ruido de las diferentes labores que allí se desempeñaban se interrumpieron por unos segundos, y todo hombre o mujer que estuviera sentado, acuclillado o tumbado se puso en pie y se volvió hacia la gitana de aspecto imperial.

—La reina, claro está —murmuró Gerald—. Es nuestra noche de suerte.

La reina gitana escrutó el campamento y, sin pensárselo un momento, se acercó directa a Joshua y se plantó ante él.

—Muéstrame la mano —dijo de forma imperiosa.

—No me habían hablado así desde que estaba en el colegio —dijo Gerald, de nuevo murmurando.

—Debe haber una ofrenda de oro.

—Parece que esta vez va en serio —susurró Gerard, mientras Joshua depositaba otro medio soberano en la palma de la mano.

La gitana contempló la mano arrugando el ceño y seguidamente, mirándolo a la cara, dijo:

—Tienes una gran fuerza de voluntad. ¿Tienes también un buen corazón, capaz de demostrar valor por alguien a quien amas?

—Confío en ello, pero me temo que no soy tan engreído como para decir que sí.

—En ese caso yo responderé por ti, pues veo resolución en tu rostro, una resolución capaz de llegar al extremo, cueste lo que cueste y caiga quien caiga, si así ha de ser. ¿Tienes una esposa a la que amas?

—Sí —dijo él con orgullo.

—Entonces sepárate de ella, ahora mismo. Nunca vuelvas a verla. Aléjate de ella ahora que tu amor es joven y tu corazón se haya limpio de intenciones malvadas. Vete rápido, vete lejos, ¡y jamás vuelvas a verla!

Joshua arrancó su mano de la de la gitana y dijo: «¡Gracias!», con frialdad y chanza, empezando a marchar.

—Calma —dijo Gerald—. No hay necesidad de tomárselo así, amigo mío. De nada sirve indignarse con las estrellas y sus profecías, y además, ¿qué hay de tu moneda? Al menos atiende a todo lo que ella tenga que decir.

—¡Silencio, incrédulo! —ordenó la reina—. No sabes lo que haces. Déjalo marchar y permanecer en la ignorancia, si prefiere no ser advertido.

Joshua regresó de inmediato.

—Bien, lleguemos hasta el final —dijo—. Señora, me ha dado usted un consejo, pero yo he pagado para saber mi destino.

—¡Te lo advierto! —dijo la gitana—. Las estrellas han guardado silencio mucho tiempo; deja que el misterio continúe siéndolo.

—Señora mía, no me topo con un misterio todos los días, y prefiero saberlo todo a cambio de mi dinero antes que ignorancia, de la que puedo conseguir cuanta quiera, siempre que lo desee y a cambio de nada.

—Yo mismo dispongo de una gran reserva que no hay forma de vender —dijo Gerard haciéndose copartícipe.

La reina gitana los miró con acritud.

—Como queráis. Habéis hecho vuestra elección, y habéis respondido a la advertencia con desprecio y a la súplica con ligereza. ¡Que sobre vuestras cabezas caiga la condena!

—¡Amén! —dijo Gerald.

Con gesto imperioso, la reina volvió a tomar la mano de Joshua y le leyó su destino.

—Veo sangre correr. Ocurrirá pronto. Corre ante mis ojos. Fluye a través del círculo roto de un anillo cortado.

—¡Siga! —dijo Joshua sonriendo. Gerald callaba.

—¿Puedo hablar claramente?

—Desde luego. A los comunes mortales nos gustan las cosas claras. Las estrellas están muy lejos y sus palabras se pierden un poco por el camino.

La gitana se sobresaltó, tras lo que habló sin tapujos.

—Es esta la mano de un asesino. ¡El asesino de su esposa!

Soltó la mano y se apartó. Joshua respondió con una carcajada.

—¿Sabe una cosa? —dijo—. Creo que si yo fuera usted lo acompañaría un poco de jurisprudencia mis profecías. Así pues, dice que «esta mano es la de un asesino». Bien, sea lo que llegue a ser en el futuro, potencialmente, a día de hoy no lo es. Debería usted expresar su profecía en términos tales como «la mano que pertenecerá a un asesino» o «la mano de quien será el asesino de su esposa». A las estrellas no se les dan nada bien las cuestiones técnicas.

La gitana no replicó sino que, con cabizbaja y aire abatido, regresó despacio a su tienda, alzó la cortina y desapareció en su interior.

Sin decir nada, los dos hombres emprendieron el camino de vuelta a través del páramo. Finalmente, al cabo de ciertos titubeos, Gerald tomó la palabra.

—Está claro, amigo mío, que ha sido una broma, escalofriante, pero una broma al fin y al cabo. Pero aunque lo sea, ¿no sería mejor que nos lo guardáramos para nosotros?

—¿Qué quieres decir?

—Que no se lo cuentes a tu mujer. Podrías inquietarla.

—¡Inquietarla! Mi querido Gerald, ¿en qué estás pensando? Ella no se inquietaría ni se asustaría aunque todas las gitanas salidas de Bohemia coincidieran en que yo iba a asesinarla. Ni tan solo se detendría un segundo a tenerlo en cuenta.

—Viejo amigo, las mujeres son supersticiosas —protestó Gerald—, mucho más que los hombres; y además han sido bendecidas, o malditas, con un sistema nervioso que a nosotros, los hombres, nos es totalmente desconocido. Veo demasiadas muestras en mi trabajo como para no saberlo. Sigue mi consejo y no se lo confieses, o la atemorizarás.

La expresión de Joshua se endureció de forma inconsciente al responder.

—Querido amigo, yo jamás le ocultaría un secreto a mi esposa. Eso supondría el comienzo de un nuevo orden de cosas. No guardamos secretos entre nosotros. Si alguna vez llegamos a hacerlo, puedes estar seguro de que algo malo nos sucede.

—Aun así —dijo Gerald—, a riesgo de entrometerme, vuelvo a pedirte que sigas mi consejo.

—Lo mismo que dijo la gitana —contestó Joshua—. Tú y ella estáis muy de acuerdo. Dime, amigo, ¿ha sido un montaje? Tú fuiste el que me habló del campamento gitano… ¿Lo organizaste todo junto con su majestad? —preguntó con seriedad divertida.

Gerald le aseguró que había sabido del campamento aquella misma mañana y se burló de cada una de las siguientes respuestas de su amigo, y así, entre chanza y chanza, pasó el tiempo y llegaron al cottage.

Mary estaba sentada al piano pero sin tocar. La borrosa luz del crepúsculo le había despertado dulces sentimientos y tenía los ojos húmedos. Cuando entraron los hombres, corrió hacia su marido para besarlo. Joshua adoptó una actitud trágica.

—Mary —dijo con voz grave—, antes de que te acerques a mí, escucha las palabras de la fortuna. Las estrellas han hablado y el destino está determinado.

—¿Cuál es, querido? Dime el destino, pero no me atemorices.

—En absoluto, querida, pero hay una verdad que debes saber. Es necesario para que hagas tus planes con previsión, y todo tenga lugar en orden y como debe ser.

—Adelante, querido, te escucho.

—Mary Considine, puede que tu efigie acabe en el museo de Madame Tussaud. Las estrellas, con la jurisimprudencia que las caracteriza, han relevado la notica fatal, que esta mano acabará roja de sangre, tu sangre. ¡Mary! ¡Mary! ¡Dios mío!

Se abalanzó hacia ella pero demasiado tarde para impedir que cayera al suelo desmayada.

—Te lo anuncié —dijo Gerald—. No las conoces tan bien como yo.

Mary se recuperó poco después, pero solo para ser presa de un frenético ataque, durante el que rio, lloró, desvarió y gritó.

—Apártalo de mí, apártalo de mí, a Joshua, mi marido —dijo entre otras cosas, suplicante y asustada.

Joshua Considine se hallaba al límite de la agonía, y cuando Mary por fin se serenó, se arrodilló junto a ella y la llenó de besos los pies, las manos y el cabello, y le habló con palabras dulces y le dedicó cuanta declaración de afecto se le pudo ocurrir. Durante la noche y casi hasta el amanecer ella se despertó una y otra vez y lloraba asustada hasta darse cuenta de que su marido velaba a su lado.

A la mañana siguiente, mientras tomaban de un desayuno tardío, Joshua recibió un telegrama mediante el que lo reclamaban en Withering, a casi veinte millas de allí. No le gustaba ir, pero Mary no quiso saber nada de que permaneciera con ella, y antes del mediodía partió solo en el carruaje que utilizaba para salir de caza.

Cuando él se fue, Mary se retiró a su habitación. No salió de allí a la hora de comer, pero a la tarde, cuando se sirvió el té en el césped bajo el gran sauce del jardín, se sumó a su invitado. Parecía casi del todo recuperada. Al cabo de unas frases insípidas, dijo a Gerald:

—Lo de anoche fue una memez, pero no pude evitar asustarme. La verdad, volvería a hacerlo si cediera a pensar en ello. Pero puede que al fin y al cabo no sean más que tonterías de esa gente, y he pensado una forma de demostrar sin lugar a dudas que la predicción es falsa…, si es que lo es —añadió con tristeza.

—¿Cuál es tu plan? —preguntó Gerard.

—Iré al campamento gitano y haré que la reina me lea mi destino.

—Magnífico. ¿Puedo acompañarte?

—¡No! Eso lo estropearía todo. Ella podría reconocerte y deducir quién soy yo, y sabría lo que le conviene decir. Iré sola, esta tarde.

Al final de la tarde Mary Considine partió hacia el campamento gitano. Gerald la acompañó hasta el límite de las tierras comunales y después regresó solo a casa.

Apenas había transcurrido media hora cuando Mary entró en el salón, donde él leía tumbado en un sofá. Estaba demacrada como un fantasma y atacada por una extremo nerviosismo. Casi no había superado el umbral cuando se derrumbó y cayó de rodillas sobre la alfombra, llorando. Gerald corrió a ayudarla pero, con gran esfuerzo, ella se recompuso y le pidió que no dejara nada. Él esperó, y el mero hecho de plegarse a su solicitud y no hacerle preguntas pareció ayudarla, ya que pocos minutos después ella se había recuperado en parte y fue capaz de contarle lo acontecido.

—Cuando llegué —dijo— parecía no haber ni un alma. Fui al centro del campamento y me quedé allí. Súbitamente apareció una mujer alta a mi lado. «He sentido que se me necesitaba», dijo. Extendí la mano y puse una moneda de plata en ella. Ella se quitó del cuello una baratija dorada y la dejó también en mi palma, después tomó ambas cosas y las lanzó al arroyo que por allí corre. Cogió a continuación mi mano y dijo: «Nada salvo sangre en este lugar para la culpa», y dio media vuelta. Conseguí detenerla y le pedí que me contara algo más. Dudó pero me dijo: «¡Ten cuidado! ¡Mucho cuidado! Te veo muerta a los pies de tu esposo, y sus manos están ensangrentadas».

Eso no tranquilizó a Gerald en absoluto, pero se esforzó por sonreír profundamente.

—Seguro —dijo— que esa mujer tiene una fijación con el asesinato.

—No te rías —dijo Mary—. No lo soporto.

Y llevada por un impulso súbito salió del salón.

Poco después volvió Joshua, tranquilo y contento, y tan hambriento como un cazador. Su presencia animó a su esposa, que parecía mucho más alegre, pero esta no mencionó su visita al campamento gitano, así que Gerald tampoco dijo nada. Como si existiera un acuerdo tácito al respecto, no se hizo mención al tema en toda la tarde. Pero Mary tenía una expresión rara, inquieta, que Gerald no pudo dejar de notar.

Por la mañana Joshua bajó a desayunar más tarde de lo habitual. Mary llevaba una hora levantada y arreglando cosas por la casa, pero a medida que pasaba el tiempo iba poniéndose más nerviosa y de vez en cuando lanzaba una mirada inquietante a su entorno.

A Gerald le resultó imposible no fijarse en que ninguno de ellos disfrutó del desayuno. No fue porque las chuletas estuvieran duras sino porque todos los cuchillos no cortaban bien. Tratándose de un invitado, él, claro está, no dio muestras de haberlo descubierto, pero vio cómo Joshua, en un gesto en apariencia insensato, pasaba la yema del pulgar por el filo de su cuchillo. Al darse cuenta, Mary se puso pálida y a poco estuvo de caer desmayada.

Después del desayuno salieron al jardín. Mary estaba confeccionando un ramo de flores.

—Consígueme unas rosas de té, querido —pidió a su marido.

Joshua se dirigió a un macizo en el frente de la casa. Los tallos se doblaban pero eran demasiado duros y no llegaban a romperse. Se llevó la mano al bolsillo, en busca de su navaja, pero inútilmente.

—Déjame tu navaja, Gerald.

Como Gerald no tenía, Joshua fue al salón donde acostumbraban a almorzar y cogió un cuchillo. Salió al jardín probando el filo y quejándose.

—¿Qué demonios les ha pasado a todos los cuchillos? No hay ninguno afilado.

Mary entró rápidamente en la casa.

Joshua se puso a cortar rosas con el cuchillo sin filo, igual que los cocineros cortan el cuello a los pollos o los escolares cortan bramante. Con un poco de esfuerzo dio cima a su tarea. El macizo de rosas era muy abundante, así que se propuso formar un gran ramo.

No fue capaz de encontrar ni un cuchillo afilado en el aparador donde guardaban los cubiertos, así que llamó a Mary y le manifestó lo que ocurría. Ella se mostró tan inquieta y abatida que él adivinó la verdad, y, perplejo y herido, le preguntó:

—¿Quieres decir que lo has hecho tú?

—Joshua —dijo ella sin poder frenarse—, estaba muy asustada.

Él se puso pálido. Su rostro adoptó una expresión severa.

—¡Mary! ¿Es esta la confianza que tienes en mí? Nunca lo habría creído.

—¡Joshua! ¡Joshua! Perdóname —suplicó ella, y rompió en sollozos.

Joshua se detuvo a pensar un instante.

—Ya comprendo lo que ocurre —dijo—. Es mejor que terminemos con esto antes de que nos volvamos locos.

Entró a saltos al salón.

—¿Adónde vas? —preguntó Mary, casi gritando.

Gerald supo lo que pensaba su amigo: que ninguna superstición le obligaría a usar instrumentos romos el resto de su vida, así que no se sorprendió cuando lo vio salir por la ventana francesa empuñando un gran cuchillo gurkha, que habitualmente estaba en la mesa de centro y que su hermano le había enviado desde el norte de la India. Era uno de los enormes cuchillos de caza que tantas bajas causaron en las distancias cortas entre los enemigos de los leales gurkhas durante el motín de Sepoy. Pesaba un tanto, pero estaba tan bien equilibrado que parecía ligero, y cortaba como una cuchilla de afeitar. Con esa clase de cuchillos los gurkhas cortaban ovejas en dos.

Cuando Mary lo vio salir con el arma soltó un alarido de pavor y sufrió un ataque de histerismo como el de la noche anterior.

Joshua corrió hacia ella, y, al comprobar que se desplomaba, soltó el cuchillo y trató de sujetarla.

Pero llegó un segundo demasiado tarde, y ambos hombres gritaron de espanto al verla caer sobre la hoja desnuda.

Cuando Gerald acudió en su auxilio vio que el filo, que había quedado mirando hacia arriba entre la hierba, había provocado un corte en la mano izquierda de Mary. Varias venas menores habían quedado cercenadas y la sangre salía a borbotones de la herida. Mientras la vendaba, señaló a Joshua que el acero también había cortado la alianza de matrimonio.

Llevaron a Mary, desvanecida, a la casa. Cuando un rato después retornó en sí, con el brazo en cabestrillo, estaba serena y feliz.

—La gitana estuvo increíblemente cerca de la verdad —dijo a su marido—; demasiado cerca como para que la predicción real no se haga jamás realidad, querido.

Joshua se inclinó y besó dulcemente la mano herida.

El retorno de Abel Behenna

El pequeño puerto de Pencastle, en Cornualles, brillaba a comienzos de abril; el sol había vuelto, y parecía que era para quedarse, después de un largo y duro invierno. Rotundo y negro, el peñón se alzaba ante un fondo de azul descolorido, allá donde el cielo se encontraba con la niebla a la altura del lejano horizonte. El mar presentaba la singular tonalidad de Cornualles: zafiro, excepto cuando se volvía de un profundo verde esmeralda en las profundidades insondables al pie de los acantilados, donde las cuevas de las focas abrían unas fantasmales fauces. En las laderas la hierba estaba marrón y reseca. Las matas de tojo eran de un gris ceniciento, pero el amarillo dorado de sus flores se extendía por la pendiente de la colina, rodeando las rocas a medida que estas afloraban, y reduciéndose luego a macizos en puntos concretos, hasta finalmente desaparecer del todo donde los vientos marinos barrían los filos de los acantilados como una guadaña aérea que nunca cesara de trabajar. El conjunto de la ladera, con el fondo marrón y los destellos dorados, era idéntico a un gigantesco martillo amarillo.

El pequeño puerto se abría entre dos altos acantilados y al abrigo de una peña solitaria, acribillada por numerosas grutas y bufones a través de los cuales, en las tormentas, el mar se hacía sentir su voz atronadora a la vez que proyectaba surtidores de espuma. La ensenada doblaba hacia el oeste en una direción serpenteante, protegida su boca por dos pequeños muelles curvos a izquierda y derecha. Eran estos de poco cuidada construcción, de oscuras losas de pizarra dispuestas de canto, sostenidas por grandes pilares, unidos entre sí por medio de zunchos de hierro. Más arriba fluía, sobre un lecho rocoso, el río cuyas avenidas invernales habían venido perforando desde tiempo inmemorial las colinas. El río era profundo en la desembocadura, pero aquí y allí, en los tramos más anchos, quedaban al descubierto con la marea baja partes resquebrajadas del fondo de roca, llenas de agujeros donde se pescaban cangrejos y langostas. De entre las piedras asomaban postes robustos, utilizados para amarrar las pequeñas embarcaciones de bajura que frecuentaban el puerto. Aguas arriba, la corriente seguía siendo profunda, ya que la marea penetraba mucho tierra adentro, pero tranquila, porque hasta el efecto de las más duras tormentas quedaba antes aplacado. A un cuarto de milla tierra adentro la corriente conservaba su profundidad en marea alta, pero con la bajamar afloraban en las dos orillas tramos de la misma roca fracturada que podía verse más abajo, entre cuyas grietas corría y murmuraba el agua dulce del río. También aquí existían postes de amarre para las embarcaciones de pesca. Las orillas estaban flanqueadas por filas de cottages que alcanzaban casi la línea de la marea alta. Eran atractivas casas, de construcción mimada y robusta, con jardines estrechos y bien cuidados en la parte delantera, llenos de plantas de estilo conservador: groselleros en flor, coloridas primaveras, alhelíes y uva de gato. Por las fachadas de muchas de ellas ascendían clemátides y glicinas. La marquetería de ventanas y puertas era en todas blanca como la nieve, y el pequeño sendero que llevaba a cada una estaba pavimentado con losas de piedra clara. En algunas entradas se veían unos porches diminutos, y en otras, bancos rústicos confeccionados a partir de troncos o de viejos barriles; casi todos los alféizares estaban adornados con cajas o tiestos con flores o plantas de colorido follaje.

Dos hombres vivían en sendos cottages situados frente a frente, uno en cada orilla. Dos hombres, ambos jóvenes, ambos apuestos, ambos bienestares, y que habían sido compañeros y rivales desde la infancia. Abel Behenna era moreno, con la tez oscura agitanada que los fenicios, mineros viajeros, dejaron a su paso; Eric Sanson —apellido que, según el anticuario local, era una corrupción de Sagamanson— era rubio, con la complexión rubicunda rastro de las incursiones de los salvajes vikingos. Los dos parecían haber resuelto desde el primer momento de su vida trabajar juntos y competir entre ellos, luchar por el otro y afrontar espalda con espalda toda empresa. Ahora los dos habían puesto broche a su templo de la Unidad al enamorarse de la misma chica. Sarah Trefusis era sin duda la chica más guapa de Pencastle, y muchos eran los jóvenes que gustosos habrían probado fortuna con ella, pero antes había dos a los que vencer, y cada uno de estos era el hombre más fuerte y resuelto del puerto, a excepción del otro. La mayoría de los chicos pensaban que el desafío era demasiado duro, lo que los llevaba a no tener buena opinión de ninguno de los tres protagonistas; mientras que la mayoría de las muchachas, que, en el mejor de los casos, tenían que soportar los malos humores de sus novios y el sentimiento de no ser nada más que plato de segunda clase, tampoco veían a Sarah con buenos ojos. Y esto llevó a que, al cabo de más o menos un año, pues los cortejos rurales son procesos largos, los dos hombres y la mujer se vieran unidos por las circunstancias. Todos estaban satisfechos, así que no tenía importancia, y Sarah, que era vanidosa y frívola, se cobraba venganza, de manera callada pero minuciosa, tanto de hombres como de mujeres. Cuando una joven sale de paseo y no puede presumir más que de un chico, y no del todo satisfecho, no le hace ninguna gracia que este mire con ojos de carnero degollado a otra chica, más guapa que ella y escoltada por dos fieles pretendientes.

Por fin llegó el instante que Sarah había temido y retrasado una y otra vez, el instante en que tendría que elegir entre los dos cortejadores. Los dos le gustaban y, en realidad, cualquiera de ambos habría satisfecho las exigencias de una muchacha incluso más intransigente que ella. Pero su carácter era tan poco dada a los cambios que pensaba más en lo que podía perder que en lo que podía ganar, y siempre que creía haber llegado a una decisión, de pronto la asaltaban las dudas. Cada vez, el muchacho al que había rechazado se veía provisto de repente de toda una serie de ventajas nuevas, volviéndolo más atractivo de lo que habría sido en caso de haber resultado él el elegido. Prometió a cada uno que el día de su cumpleaños —el cumpleaños de Sarah— le daría una contestación, y ese día, el once de abril, había llegado. Las dos promesas se habían formulado de forma individualizada y confidencial, pero ninguno de los hombres era dado al olvido. A primera hora de la mañana, Sarah se encontró con que ambos esperaban ante su puerta. Ninguno de los dos había dicho nada al otro; simplemente querían escuchar lo antes posible su veredicto y, si era posible, solicitar su mano.

Damón no tiene por costumbre hacerse acompañar por Fintias* a la hora de hacer una propuesta de matrimonio, y en el corazón de aquellos dos hombres sus aspiraciones

* Dos amigos de una leyenda griega.

sentimentales se encontraban por encima de las obligaciones de la amistad. Durante todo el día se mantuvieron alejados uno del otro. Era una situación violenta para Sarah y, pese a que ser adorada de aquel modo halagaba su vanidad, había momentos en que le molestaba la persistencia de los dos pretendientes. El único consuelo en tales momentos se lo proporcionaba el atisbar, tras las elaboradas sonrisas de las jóvenes que pasaban por la calle y veían su puerta doblemente guardada, los celos que les desbordaban el corazón. La madre de Sarah era una mujer de ideas vulgares y mezquinas, y, al ver lo que ocurría, su único objetivo, insistentemente manifestado a su hija con las palabras más claras posible, era el de arreglarlo todo de modo que Sarah obtuviera todo lo posible de ambos hombres. Con tal propósito se había mantenido sagazmente lo más al margen posible de los galanteos de su hija, observando en silencio. Al comienzo Sarah reaccionó con indignación ante sus torturados planes, pero, como de costumbre, su débil naturaleza cedió ante la insistencia y ahora estaba dispuesta a aceptarlos. No se sorprendió cuando, en el pequeño patio de la parte trasera de la casa, su madre le dijo:

—Ve a dar un paseo por la colina. Quiero hablar con ese par. Los dos están subiéndose a las paredes por ti y es hora de solucionar los problemas.

Sarah protestó débilmente pero su madre la cortó en seco.

—¡Mira, niña, ya lo he decidido! Los dos te quieren y solo uno puede tenerte, pero antes de que elijas hay que organizarlo para que te quedes con todo lo que tienen los dos. ¡No discutas! Vete a dar un paseo y cuando regreses ya lo habré arreglado. Hay un camino muy fácil.

Sarah subió la colina por angostos senderos entre la dorada aulaga y la señora Trefusis se reunió con los dos hombres en el salón de la pequeña casa.

Inició su ataque con la valentía desesperada característica de toda madre que protege a sus hijos, por muy discutibles que sean sus ideas.

—Vosotros dos estáis enamorados de mi Sarah.

Un silencio vergonzoso confirmó palabras tan directas. Prosiguió.

—Ninguno tiene muchas posesiones.

Una vez más, aceptaron implícitamente la acusación.

—No creo que ninguno pueda mantener a una esposa.

Aunque ninguno de los dos dijo nada su mirada y actitud dejaban claro su disconformidad.

—Pero si juntáis lo que tenéis habría bastante para un hogar confortable para uno de vosotros… y para Sarah.

Los miró con detenimiento, con sus aviesos ojos entrecerrados; cuando su escrutinio pensó que habían asimilado la idea se apresuró a seguir, como si temiera que fueran a contradecirla.

—A la chica le gustáis los dos y puede que le sea difícil escoger. ¿Por qué no os la echáis a suertes? Primero juntad vuestro dinero; sé que los dos tenéis algo ahorrado. Que el ganador lo coja todo y negocie con ello un tiempo, y que después regrese a casa y se case con ella. ¡Supongo que no tenéis miedo! ¡Y que ninguno se negará a hacer tal cosa por la chica a la que decís amar!

Abel fue el primero en hablar.

—¡No me parece moral jugárnosla a suertes! A ella no le gustaría y no es… honrado.

Eric lo interrumpió. Sabía que no tendría tantas posibilidades como Abel en caso de que Sarah eligiera entre los dos.

—¿Te asusta el azar?

—¡De eso nada! —dijo Abel, resuelto.

Al ver que su plan estaba funcionando, la señora Trefusis se aprovechó de su ventaja.

—¿Estáis de acuerdo en juntar todo vuestro dinero para darle un hogar, tanto si os la jugáis a suertes como si es ella quien decide?

—¡Sí! —dijo Eric sin pensarlo, y Abel coincidió, con idéntica tozudez.

Los perversos ojillos de la señora Trefusis destellaron. Escuchó los pasos de Sarah en el patio.

—¡Aquí la tenemos! Se lo dejo a ella —dijo, y salió.

Durante el corto paseo por la colina, Sarah había intentado llegar a una decisión. Estaba próxima a sentirse enfadada con los dos hombres por ponérselo tan difícil, y en cuanto entró en el salón dijo sin introducción:

—Quiero hablar con los dos. Vamos a Flagstaff Rock, donde podremos estar solos.

Cogió su sombrero, salió de la casa y tomó el ventoso sendero que trepaba por la empinada peña, coronada por un alto mástil, donde hacía años prendían sus hogueras los causantes de naufragios. La peña constituía la mandíbula norte del pequeño puerto. El camino solo era lo suficientemente ancho para dos personas, y la situación quedó clara cuando, por una suerte de acuerdo implícito, Sarah se puso al frente, con los dos hombres siguiéndola, uno junto al otro, sin que ninguno se quedara rezagado. A esas alturas, el corazón de cada uno ardía de celos. Cuando llegaron a la cima de la peña, Sarah se apoyó contra el mástil y los dos jóvenes se situaron frente a ella. La muchacha había escogido el lugar con sagacidad y premeditación, pues no había espacio para nadie a su lado. Guardaron silencio un instante, hasta que Sarah se echó a reír y dijo:

—Os prometí que hoy os daría una respuesta. He pensado y pensado y pensado, hasta enfadarme con los dos por torturarme así, y ni siquiera estoy próxima de llegar a una decisión.

—¡Déjanos echarlo a suertes, muchacha! —dijo Eric súbitamente.

Sarah no se enfadó por la propuesta; la sugerencia reiterada de su madre la había predispuesto a aceptar algo parecido, y su carácter débil la inclinaba a precipitarse hacia cualquier salida que le evitara problemas. Con la mirada hacia el suelo y aire distraído se toqueteó las mangas del vestido, pareciendo haber accedido implícitamente a la propuesta. En cuanto lo dedujeron, cada uno de los hombres se sacó una moneda del bolsillo, la lanzó al aire, la atrapó en la palma de una mano y la cubrió con la otra. Durante unos segundos permanecieron así, todos en silencio, hasta que Abel, el más reflexivo de los dos, habló.

—¡Sarah! ¿Te parece bien?

Al mismo tiempo que lo dijo, descubrió su moneda y volvió a guardarla en el bolsillo. Sarah estaba incómoda.

—Da igual si está bien o mal. A mí me vale. Y tú haz como te plazca, tómalo o déjalo —dijo ella.

—¡Nada de eso, muchacha! —fue la rápida respuesta de Abel—. Mientras tú estés de acuerdo, a mí me vale. Solo temo que después te arrepientas y lo lamentes. Si quieres a Eric más que a mí, dilo claramente, por Dios. Creo que soy lo bastante fuerte como para aceptarlo. Pero si soy a quien más quieres, ¡no nos conviertas a los dos en unos desgraciados de por vida!

Enfrentado a una dificultad, el carácter débil de Sarah salió a relucir; la chica se tapó la cara con las manos y rompió en sollozos.

—¡Es por mi madre! —dijo—. ¡No deja de decirme que lo haga!

El silencio que siguió fue roto por Eric, quien, acalorado, dijo a Abel:

—Deja en paz a la muchacha, ¿vale? Si prefiere hacerlo así, que así sea. Yo estoy de acuerdo, y tú también tendrías que estarlo. Ella lo ha decidido y nosotros tenemos que apechugar.

Sarah se volvió hacia él, presa de una repentina cólera.

—¡Cállate! ¿A ti qué te importa, en cualquier caso? —dijo, y reanudó su llanto.

Eric estaba tan perplejo que enmudeció. Su aspecto era teatral, boquiabierto y con las manos ante él, todavía con la moneda entre ellas. Guardaron silencio hasta que Sarah se apartó las manos de la cara y soltó una risa histérica.

—¡Como no sois capaces de decidiros me voy a casa! —anunció, y dio media vuelta.

—¡Alto! —dijo Abel en tono mandón—. Eric, tú lanza la moneda y yo elijo. Pero antes dejémoslo todo bien claro: el que gane coge todos los ahorros de los dos, se va a Bristol y zarpa para negociar con el dinero. Después regresa, se casa con Sarah y los dos se quedan con todos los beneficios, sean cuanto sean. ¿Estamos de acuerdo?

—Sí —dijo Eric.

—Me casaré con el ganador en mi próximo cumpleaños —dijo Sarah, y al hacerlo le impactó el despreciable espíritu mercenario de lo que iba a hacer. Se volvió a toda prisa para esconder un violento rubor.

Los ojos de los dos jóvenes brillaban como si anidara fuego en su interior.

—-Un año. ¡Que así sea! —dijo Eric—. El que gane dispone de un año.

—¡Lanza! —dijo Abel, y la moneda giró en el aire.

Eric la atrapó y, una vez más, la sostuvo entre las manos extendidas.

—¡Cara! —eligió Abel, empalideciendo al decirlo.

Se inclinó a mirar y lo mismo hizo Sarah; sus cabezas casi se tocaban. Él sintió el cabello de la chica rozarle la mejilla y se estremeció, como si quemara. Eric alzó la mano superior; la moneda yacía en la palma mostrando su cara. Abel abrazó a Sarah. Con una maldición, Eric lanzó la moneda al mar. Se apoyó en el mástil y contempló con el ceño adusto y las manos hundidas en los bolsillos a los otros dos. Abel susurraba palabras bonitas y apasionadas a Sarah y esta, a medida que lo escuchaba, empezaba a pensar que el azar había adivinado los deseos secretos de su corazón: que Abel era al que más quería de los dos.

Abel alzó la vista e intercambió una mirada con Eric en el instante justo en que el último rayo del ocaso iluminaba el rostro de este. La luz roja aumentaba lo rubicundo de su piel; parecía empapado de sangre. Abel no dio importancia al ceño enfadado del otro, pues ahora que su corazón había encontrado la paz sentía una compasión inaudita por su amigo. Caminó hacia él con intención de consolarlo, y le tendió la mano diciendo:

—La suerte se ha inclinado de mi lado, viejo amigo. No me guardes rencor. Me esforzaré por hacer feliz a Sarah y tú serás como un hermano para nosotros.

—¿Un hermano? ¡Al Infierno! —fue la respuesta de Eric, que dio media vuelta y echó a caminar cuesta abajo.

Pero tras unos pasos por el sendero rocoso se detuvo y volvió junto a la pareja. Se plantó frente a Abel y Sarah, que permanecían abrazados.

—Tienes un año —dijo—. ¡Sácale provecho! ¡Y asegúrate de estar de regreso a tiempo de reclamar a tu mujer! Hazlo a tiempo de leer las amonestaciones para casarte el once de abril. Si no lo cumples, te aseguro que yo leeré las mías.

—¿Qué estás diciendo, Eric? ¿Te has vuelto loco?

—No más loco que tú, Abel Behenna. Ve y aprovecha tu oportunidad. Yo me quedo, pero también aprovecharé la mía. No voy a dejar que la hierba me crezca bajo los pies. Hace cinco minutos a Sarah no le importabas más que yo, y puede cambiar de opinión cinco minutos después de que te vayas. Únicamente has ganado por un punto. El resultado final puede variar.

—¡Nada va a variar! —dijo Abel, tajante—. Sarah, ¿me serás fiel? ¿No te casarás hasta que vuelva?

—¡Solo te aguardará un año! —dijo Abel—. Es lo acordado.

—Mi promesa durará un año —manifestó Sarah.

La expresión de Abel se oscureció y a punto estuvo de replicar algo, pero supo morderse la lengua y sonrió.

—Esta noche no quiero ponerme duro ni enfadarme. ¡Vamos, Eric! Hemos jugado y luchado juntos. He ganado limpiamente. He jugado limpiamente durante todo el cortejo. Lo sabes tan bien como yo, y ahora que parto le pido a mi viejo y buen amigo que me ayude mientras estoy fuera.

—¡No me pidas eso! ¡Que sea Dios el que te ayude!

—Ya lo ha hecho —dijo Abel sincero.

—Entonces que siga haciéndolo —respondió Eric furioso—. ¡Yo me conformo con el demonio!

Y sin decir más bajó a zancadas por el empinado sendero y se perdió de vista tras las rocas.

Cuando Eric se fue, Abel se volvió hacia Sarah, confiando en disfrutar de un instante íntimo, pero lo primero que ella le dijo le dejó helado.

—¡Qué solitario está esto sin Eric!

Y estas palabras resonaban todavía en la cabeza de Abel cuando acompañó a Sarah a su casa, y continuaron haciéndolo más tarde.

A la mañana siguiente, temprano, Abel percibió un ruido en su puerta y al abrir vio que Eric se alejaba a paso ligero. En el umbral quedaba una pequeña bolsa de lona llena de oro y plata; y en un trozo de papel prendido a ella con un alfiler, leyó:

«Toma el dinero y marcha. Yo me quedo. ¡Que Dios te acompañe! ¡Y que el diablo me acompañe a mí! Recuerda: el once de abril. ERIC SANSON».

Esa misma tarde Abel marchó hacia Bristol, y una semana más tarde zarpó en el Star of the Sea con destino Pahang. Su dinero —incluyendo el que había sido de Eric— viajaba a bordo en forma de un cargamento de juguetes baratos. Había sido aconsejado por un viejo e inteligente marino al que conocía, buen sabedor de cómo se hacían las cosas en el Quersoneso Áureo, que le aseguró que conseguiría un chelín por cada penique que invirtiera en ese negocio.

A medida que el año fue transcurriendo, la inquietud de Sarah fue en aumento. Eric no cesaba de rondarla para cortejarla a su estilo persistente y dominante, a lo que ella no presentaba objeción. No recibió más que una carta de Abel, en la que este le decía que el negocio había iba viento en popa y, que ya había enviado alrededor de doscientas libras al Banco de Bristol y que planeaba invertir otras cincuenta en productos que vender en China, adonde el Star of the Sea se dirigía y desde donde regresaría a Bristol. También ordenaba que devolvieran a Eric su dinero, junto con su parte de los beneficios. Eric recibió la propuesta furioso, mientras que la madre de Sarah se limitó a tacharla de ñiñería.

Desde entonces habían transcurrido más de seis meses sin que llegara ninguna otra carta, y las esperanzas de Eric, que se habían venido abajo con la misiva de Pahang, volvían a subir entero. No cesaba de acosar a Sarah con preguntas hipotéticas. Si Abel no regresa, ¿se casaría ella con él? Si pasaba el once de abril sin que Abel hubiera arribado a puerto, ¿se casaría ella con él? Si Abel se había quedado con su fortuna y había desposado a otra mujer, ¿se casaría ella con él, Eric, en cuanto tuvieran noticia de ello? Y así, hasta el agotamiento, ofreciendo una variedad interminable de posibilidades. La fuerza de voluntad y la determinación de él acabaron por imponerse al débil carácter de ella. Sarah comenzó a perder la fe en Abel y a contemplar a Eric como posible esposo; y a ojos de una mujer, un posible esposo se diferencia de todos los demás hombres. Comenzó a experimentar un afecto nuevo por él, y la confianza fruto del cortejo diario consentido hizo aumentar el sentimiento. Sarah empezó a ver a Abel como nada más que un episodio del pasado, y si su madre no le hubiera recordado sin cesar la notable fortuna que ya había depositada en el Banco de Bristol, se habría olvidado totalmente de la existencia de Abel.

El once de abril era sábado, por lo que para contraer matrimonio ese día era preciso que se leyeran las amonestaciones el domingo veintidós de marzo. Desde los inicios de ese mes Eric no cesó de insistir en la ausencia de Abel, y su opinión, manifestada sin rodeos, de que este había muerto o se había casado empezó a calar hondo en la muchacha. Cuando la primera mitad del mes pasó, Eric se mostró radiante, y el día quince, después de la misa, llevó a Sarah a dar un paseo a Flagstaff Rock. Allí dejó bien claras sus intenciones.

—Le dije a Abel, y también a ti, que si no estaba aquí para leer sus amonestaciones el día once, yo leería las mías el doce. Ha llegado ese día y así voy a hacerlo. Abel no ha cumplido su palabra.

Al oír esto, Sarah se impuso a su debilidad e indecisión.

—¡Todavía no lo ha hecho!

Eric rechinó los dientes encolerizado.

—Si no quieres renunciar a él —dijo arremetiendo a golpes furiosos contra el mástil, que tembló emitiendo un ruido ronco—, muy bien, adelante. Yo cumpliré mi parte del acuerdo. El domingo leeré mis amonestaciones y tú podrás rechazarlas en la iglesia si así lo deseas. En caso de que Abel esté en Pencastle el once, puede cancelarlas y leer las suyas; pero hasta entonces, haré lo que tengo que hacer, ¡y pobre del que se interponga en mi camino!

Sin decir nada más descendió a zancadas por el sendero rocoso y, mientras Sarah lo veía alejarse siguiendo la línea de los acantilados, en dirección a Bude, no pudo menos que aplaudir su valor y su intensidad vikingas.

Durante la siguiente semana no llegaron noticias de Abel, y el sábado Eric anunció las amonestaciones de matrimonio entre él y Sarah Trefusis. El clérigo esbozó una queja porque, aunque nada formal se había dicho al vecindario, todos daban por supuesto desde la partida de Abel, que cuando este volviera se casaría con Sarah; pero Eric no estaba dispuesto a discutirlo.

—Es un tema lamentable, señor —dijo con una firmeza que convenció al pastor, un hombre joven—. No creo que haya nada contra Sarah ni contra mí. ¿Por qué deberían ponerse objeciones?

El pastor no dijo nada más y al día siguiente leyó por primera vez las amonestaciones, entre murmullos de los feligreses. Sarah estaba presente, de forma contraria a la costumbre, y pese a su rubor, disfrutó de su triunfo sobre las demás muchachas, cuyas amonestaciones no habían llegado todavía. Antes de que terminara la semana empezó a confeccionarse su vestido de novia. Eric tomó la costumbre de ir a verla coser; la imagen le exultaba. Le decía cosas bonitas y eran para ambos instantes íntimos llenos de felicidad.

Las amonestaciones fueron leídas por segunda vez el veintinueve, y las esperanzas de Eric se robustecieron más y más, pese a sufrir episodios de total desesperación cuando recordaba que la copa dichosa podía serle arrebatada de los labios en cualquier momento, hasta el último segundo. En tales ocasiones se veía arrebatado de furor —irrefrenable y sin pizca de remordimientos—, rechinaba los dientes y apretaba los puños como si un rastro de la cólera berserker de sus ancestros todavía circulara por sus venas. El jueves fue a ver a Sarah y la encontró, bañada por el sol, dando los últimos retoques al blanco vestido de novia. El corazón de Eric se colmó de gozo, que se transformó en un júbilo inexpresable, al ver tan enfrascada en la tarea a la mujer que pronto sería su esposa, y se relajó, presa de un tierno éxtasis. Se inclinó, besó a Sarah en los labios y susurró en su sonrosada oreja:

—¡Tu vestido de boda, Sarah! ¡El que llevarás cuando te cases conmigo!

Cuando retrocedió para seguir admirándola, ella alzó la vista y lo miró desafiante.

—A lo mejor contigo no. ¡A Abel todavía le queda más de una semana!

Luego ella rompió a sollozar arrepentida, pues Eric soltó una maldición colérica y marchó de la casa dando un portazo. El incidente perturbó a Sarah más de lo que habría esperado porque hizo revivir en ella los temores, las dudas y la indecisión. Lloró un poco, dejó a un lado el vestido y, para sosegarme, salió a dar un paseo, con intención de descansar un rato en la cima de Flagstaff Rock. Cuando llegó, se encontró con un grupo de gente que discutía acaloradamente sobre el tiempo. El mar se hallaba en calma y brillaba el sol, pero el mar se encontraba recorrido por unas misteriosas franjas, oscuras y claras, y en la costa las rocas estaban ribeteadas de espuma, que se estiraba dibujando curvas y círculos al retroceder las olas. El viento había cambiado y llegaba ahora en forma de rachas frías y violentas. El bufón que atravesaba Flagstaff Rock, desde la bahía rocosa hasta el muelle, bramaba de manera intermitente, y las gaviotas no cesaban de chillar sobrevolando en círculos la bocana del puerto.

—Tiene mala pinta —oyó que decía un viejo pescador al guardacostas—. Lo vi así una vez, cuando el Coromandel, de la Compañía de las Indias Orientales, se hizo trizas en Dizzard Bay.

Sarah no quiso oír más. Era tímida en todo cuanto significara peligro y no soportaba oír hablar de naufragios y desastres. Regresó a casa y retomó la labor de su vestido, y mientras trabajaba decidió que sosegaría a Eric con una tierna disculpa en cuanto lo volviera a ver, y que, después de la boda, aprovecharía la primera oportunidad que tuviera para ajustarle las cuentas y quedar a la par.

La predicción meteorológica del viejo pescador se confirmó. La tormenta llegó al anochecer. El mar se levantó y azotó la costa occidental desde Skye hasta Scilly provocando desastres por doquier. Los marinos y pescadores de Pencastle subieron a los acantilados a contemplar preocupados el mar. El destello de un rayo dejó ver un queche a la deriva, con nada más que un foque en pie, a media milla del puerto. Todos los ojos y los catalejos apuntaron hacia la embarcación, a la espera del siguiente rayo, y, cuando se produjo, un coro de voces anunció que era la Lovely Alice, que comerciaba entre Bristol y Penzance, tocando cada puerto intermedio.

—¡Que Dios los ayude! —exclamó el capitán de puerto—. Nada se puede hacer por salvarlos, estando entre Bude y Tintagel y con viento de tierra.

Los guardacostas pusieron manos a la obra, ayudados por abnegados brazos y corazones, y llevaron el lanzacohetes a la cumbre de Flagstaff Rock. Prendieron bengalas azules para señalizar la bocana del puerto a los que iban a bordo, en caso de que pudieran hacer algo por alcanzarla. A bordo le echaban valor, pero ni la experiencia ni la fuerza servían de nada. Al cabo de unos minutos la Lovely Alice se abalanzaba hacia su fin contra el islote rocoso que guardaba la bocana. La tormenta acalló los gritos de quienes saltaban por la borda en un intento desesperado por salvar la vida. Las bengalas azules continuaban encendidas y ojos angustiados escrutaban las aguas por si conseguían descubrir a alguien, mientras que las cuerdas se encontraban dispuestas para ser lanzadas en ayuda de los supervivientes. Pero no se veía a nadie, y los abnegados brazos colgaban inmóviles. Eric se contaba entre los presentes. Su procedencia islandesa nunca fue tan notoria como en aquella hora nefasta. Cogió una cuerda y gritó al oído del capitán de puerto:

—Bajaré a la roca que hay sobre la cueva de las focas. La marea está en alza y puede haber arrastrado a alguien allí.

—¡Ni lo pienses, muchacho! —fue la respuesta—. ¿Te has vuelto loco? Si pierdes pie en esa roca estás perdido. ¡Y nadie puede guardar el equilibrio en ese lugar, y de noche, y con esta tormenta!

—¡Nada de eso! Recuerda que Abel Behenna me salvó allí en una noche como esta, cuando mi barca chocó contra Gull Rock. Me sacó de las aguas profundas de la cueva de las focas, y ahora a alguien puede acontecerle lo mismo que a mí.

Y diciendo esto se perdió entre la oscuridad. Los altos peñascos dejaban en sombras Flagstaff Rock, pero sabía bien el camino. Impulsado por su voluntad y su paso firme, poco después se encontraba sobre la gran roca de cima redondeada, erosionada en su parte inferior por las olas, donde se abría la cueva de las focas, lugar en que el agua alcanzaba profundidades insoldables. Gozaba allí de una relativa seguridad, dado que la forma cóncava de la roca repelía las olas, y pese a que bajo él el agua hervía como una marmita burbujeante, un poco más allá había una zona casi en calma. La roca parecía moderar asimismo el sonido de la galerna, y Eric aguzó el oído a la vez que escrutaba el agua. Mientras aguardaba dispuesto a lanzar la cuerda, le pareció percibir por debajo de él, más allá de donde se arremolinaba el agua, un débil y desesperado grito. Contestó con una llamada que atravesó la noche. Aguardó a continuación la luminaria de un rayo y cuando se produjo lanzó la cuerda hacia el punto de la oscuridad donde había visto asomar un rostro entre el torbellino de espuma. La cuerda fue agarrada, pues notó un tirón, y volvió a gritar con su poderosa voz:

—¡Átala a la cintura! ¡Te sacaré de ahí!

Cuando sintió la cuerda asegurada, se desplazó a lo largo de la roca hasta el extremo de la cueva, donde las aguas estaban un poco más sosegadas y donde podía sujetarse mejor para tirar del hombre e izarlo. Empezó a tirar y pronto, por la cuerda que había conseguido, supo que el hombre debía de estar cerca de la cima de la roca. Hizo un breve descanso, aseguró los pies y respiró profundamente; un esfuerzo más y concluiría el rescate. Justo cuando retomó la labor, un rayo facilitó a los dos hombres verse entre sí: rescatador y rescatado.

Eric Sanson y Abel Behenna se hallaban frente a frente, y nadie al margen de ellos, y de Dios, sabía de su encuentro.

En ese momento una ola de furor rompió contra el corazón de Eric. Todas sus esperanzas saltaron por los aires y en sus ojos brilló un odio digno de Caín. Al mismo tiempo que reconoció a Abel, vio la alegría de este al ver quién había ido en su auxilio, y eso atizó su odio. Dominado por la cólera, saltó atrás soltando la cuerda, que corrió entre sus manos. Al arrebato de odio siguió un impulso de su lado bueno, pero era demasiado tarde.

Sin llegar a comprender lo que había ocurrido, Abel, entorpecido por la cuerda que debería haber sido su salvación, cayó con un grito desesperado a las tinieblas del mar que lo engulle todo.

Sintiendo que la locura y la maldición de Caín se volcaban sobre él, Eric echó a correr sin prestar atención al peligro, deseando una única cosa: hallarse entre otras personas, cuyas voces silenciaran el grito que continuaba percibiendo. Cuando llegó a Flagstaff Rock los hombres lo rodearon y, a través del fragor de la tormenta, oyó al capitán del puerto decir:

—¡Te creímos perdido cuando percibimos gritar a alguien! ¡Qué pálido estás! ¿Y la cuerda? ¿La corriente había arrastrado a alguien a la cueva?

—No, a nadie —gritó él. Le resultaba imposible explicar que había abandonado a su viejo camarada, que lo había arrojado de regreso al mar, y en el mismo sitio y en las mismas circunstancias en que su amigo le había salvado la vida. Confiaba en que una mentira contundente resolviera la cuestión para siempre. No había testigos, y si él tenía que vivir con el recuerdo de aquella cara pálida y aterrada y con el eco interminable de su grito desesperado, al menos solo el lo sabría—. No, a nadie —repitió más alto—. Resbalé en la roca y la cuerda cayó al mar.

Les dio la espalda y se dio prisa por el sendero en cuesta, hacia su cottage, donde se encerró.

Pasó el resto de esa noche tendido en la cama, vestido e inmóvil, con la vista fija en el techo y viendo asomar entre la oscuridad una cara pálida, mojada y resplandeciente, acompañada de un grito que continuaba.

Por la mañana la tormenta había amainado y todo había retornado a la calma, salvo el mar, alborotado por un resto de furia. La corriente arrastró al puerto grandes fragmentos del naufragio, y otros muchos flotaban alrededor del islote rocoso. También fueron a parar al puerto dos cadáveres, el del capitán de la embarcación siniestrado y el de un marinero a quien nadie conocía.

Sarah no supo nada de Eric hasta el atardecer, y este solo se dejó ver un minuto. No entró en la casa sino que asomó la cabeza por la ventana abierta.

—¿Y bien, Sarah? —dijo en voz bien alta, aunque a Sarah el tono le pareció anormal—. ¿Está terminado el vestido de boda? El domingo en siete días, recuérdalo. ¡El domingo en siete días!

A Sarah le puso contenta que la reconciliación hubiera sido tan fácil, pero, con actitud muy femenina, ahora que había pasado la tormenta, así como el motivo de sus temores, recayó en la ofensa.

—El domingo, que así sea —dijo sin levantar la mirada—, ¡si es que Abel no aparece aquí el sábado!

Lo miró desafiante, aunque temía otro ataque por parte de su impetuoso amante. Pero ya no había nadie en la ventana; Eric se había ido, y con un gesto ella regresó al trabajo. No volvió a verlo hasta el sábado por la tarde, después de que las amonestaciones se leyeran por tercera vez, cuando él se le acercó delante de todos con una actitud de propietario que en parte la gustó y en parte la molestó.

—¡Todavía no, señor mío! —dijo ella apartándolo, mientras las demás muchachas soltaban risitas—. Espere hasta el próximo domingo, si no le importa. ¡El día siguiente al sábado! —dijo, mirándolo retadora.

Las chicas emitieron nuevas risitas y los chicos rompieron en carcajadas. Pensaban que el desaire era la razón por la que, cuando Eric dio media vuelta y se fue, estuviera lívido como una sábana. Pero Sarah, que lo conocía mejor, se rio, porque tras la expresión doliente de su cara detectó un asomo de victoria.

Transcurrió la semana sin incidentes; sin embargo, a medida que el sábado se aproximaba Sarah experimentó algunos momentos de ansiedad, y en cuanto a Eric, pasaba las noches como un endemoniado. Se dominaba siempre que había alguien delante, pero de cuando en cuando se perdía entre las rocas y las cuevas para desahogarse a gritos. Eso lo aliviaba un poco y le ayudaba a continuar manteniendo el tipo durante un tiempo. Pasó todo el sábado recluido en casa. Como iba a casarse al día siguiente, los vecinos pensaron que se debía a la timidez, y nadie lo importunó. Solo recibió una visita, la de un oficial de los guardacostas, que se presentó en su casa, tomó asiento y, al cabo de una pausa, dijo:

—Eric, ayer fui a Bristol. Estuve donde el cordelero, comprando una cuerda para sustituir la que perdiste en la tormenta, y me encontré con Michael Heavens, un comerciante de allí. Me contó que Abel Behenna había regresado la semana pasada a bordo del Star of the Sea, procedente de Cantón, y que había hecho un depósito en el Banco de Bristol a nombre de Sarah Behenna. Él mismo le dijo a Michael que tenía un pasaje en el Lovely

Alice para venir a Pencastle. Ánimo, muchacho —añadió, pues Eric, con un bufido, se había llevado las manos a la cara y apoyado la frente en las rodillas—. Era amigo tuyo, lo sé, pero no pudiste hacer nada por ayudarlo. Debió de hundirse con los demás aquella noche horrible. Pensé que debía decírtelo, antes de que te enteraras por otro conducto, y para que puedas evitar que Sarah Trefusis le venga un ataque. Eran buenos amigos, y las mujeres se toman estas cosas muy a pecho. No tiene sentido apesadumbrarla con una noticia así el día de su boda.

Se levantó y se fue, dejando a Eric con la cabeza angustiada apoyada en las rodillas.

—Pobre hombre —murmuró para sí—. Se lo ha tomado a pecho. Bueno, es lógico. Fueron muy amigos, y Abel le salvó la vida.

Ese mismo día, por la tarde, cuando los niños salieron del colegio se dispersaron jugando por los diques y los caminos de los acantilados. Poco después un grupo de ellos fue corriendo, presa de una gran histeria, al puerto, donde unos pocos hombres descargaban un barco carbonero bajo la supervisión de muchos otros.

—¡Hay una marsopa en la bocana! —dijo uno de los niños—. ¡La vimos a través del bufón! ¡Tenía una cola muy larga y nadaba muy profundo!

—No era ninguna marsopa —desmintió otro—. Era una foca, pero sí que tenía la cola larga. Asomaba por la cueva de las focas.

Los demás niños aportaron versiones distintas, pero todas coincidían en dos aspectos: fuera «aquello» lo que fuera, lo habían visto por el bufón, nadando a gran profundidad, y tenía una cola larga y delgada, tan larga que no llegaron a ver el extremo. Los hombres no escatimaron chacotas a los niños, pero como estaba claro que habían visto algo, un buen número de gente, jóvenes y viejos, mujeres y hombres, subieron por los caminos hacia los acantilados a ambos lados de la bocana para ver aquella nueva incorporación a la fauna marina: una marsopa o foca de cola larga. La marea estaba en alza. Soplaba un poco de brisa y la superficie del agua estaba rizada, así que solo durante breves instantes podía verse lo que había debajo. Al cabo de un rato una mujer gritó que había visto algo moviéndose canal arriba, justo debajo de donde ella estaba. La gente corrió en estampida hacia allí, pero para cuando se reunieron en el sitio la brisa se había levantado y era imposible ver nada debajo del agua. En respuesta a las preguntas de todos, la mujer contó lo que había visto, pero de forma tan confusa que acabaron atribuyéndolo a su imaginación; si no hubiera sido por lo que habían contado los niños, no se le habría concedido ningún crédito. Su medio histérica afirmación de que lo que había visto tenía la apariencia de «un cerdo con las entrañas fuera» solo significó algo para un viejo guardacostas, que meneó la cabeza pero no realizó ningún comentario. Aquel hombre se quedó hasta el anochecer en la orilla, con la mirada fija en el agua y expresión afligida.

Eric se levantó temprano a la mañana siguiente. No había pegado un ojo en toda la noche y la llegada del día fue un alivio para él. Se afeitó sin que le temblara la mano y se puso el traje de boda. Estaba ojeroso y parecía haber envejecido varios años en los últimos días. Aun así, en sus ojos existía un brillo, nervioso y feroz, de triunfo, y no dejaba de murmurar para sí, una y otra vez:

—¡Es el día de mi boda! Abel ya no puede reclamarla… ¡ni vivo ni muerto! ¡Ni vivo ni muerto! ¡Ni vivo ni muerto!

Se sentó en un sillón a esperar con una angustia asombrosa la hora de ir a la iglesia. Cuando doblaron las campanas, se levantó, salió de casa y cerró la puerta. Echó un vistazo a la ría y vio que la marea estaba descendiendo. En la iglesia se sentó con Sarah y la madre de esta, agarrando con fuerza la mano de la chica, como si tuviera miedo de perderla. Una vez concluido el oficio, los dos se pusieron en pie a la vez y contrajeron matrimonio en presencia de toda la congregación, pues nadie abandonó la iglesia. Ambos respondieron con claridad; Eric incluso con cierto tono desafiante. Terminada la boda, Sarah tomó a su esposo del brazo y salieron juntos, seguidos por los niños, algunos de los cuales recibieron coscorrones de sus mayores para que se condujeran y no entorpecieran a los recién casados.

El camino de la iglesia pasaba por la parte trasera del cottage de Eric, donde se abría un estrecho corredor entre la casa de este y la de su vecino. Cuando la pareja pasó por allí, el resto de la congregación, que los había seguido a poca distancia, fue sobrecogido por un grito agudo y largo de la novia. Se amontonaron pasando por el corredor y la encontraron en la orilla, con mirada histérica, señalando un punto de la orilla, justo ante la puerta de Eric Sanson.

La marea, al descender, había depositado allí el cuerpo de Abel Behenna, sobre el lecho del acantilado. La cuerda atada a su cintura se había enredado en el poste de amarre y lo había aguantado mientras descendía la marea. El codo derecho había quedado encajado en un canal entre rocas, de manera que la mano se hallaba extendida hacia Sarah, con los dedos pálidos y goteantes, y con la palma hacia arriba como a la espera de estrechar la de la muchacha.

Sarah Sanson nunca tuvo claro lo que sucedió seguidamente. Siempre que trataba de recordarlo, un zumbido asomaba a sus oídos y la vista se le ofuscaba, sin permitirle distinguir nada. Lo único que llegaba a recordar —y de lo que nunca se olvidó— fue de los jadeos de Eric, y de su rostro, más pálido que el del mismo cadáver, mientras repetía:

—¡La ayuda del demonio! ¡La confianza del demonio! ¡El precio del demonio!

El entierro de las ratas

Si se sale de París por la carretera de Orleans, cruzando el Enceinte, y se gira a continuación a la derecha, se va a dar con un distrito desolado y nada respetable. A derecha e izquierda, delante y detrás, por doquier, se amontonan enormes apilamientos de basura y desperdicios acumulados con el transcurso del tiempo.

París tiene una vida diurna, así como una nocturna, y el visitante que llegue a su hotel en la rue de Rivoli o en la rue St. Honoré tarde por la noche y salga por la mañana temprano deducirá, si es que no lo ha hecho ya, al aproximarse a Montrouge, el propósito de todos esos grandes carromatos de madera, parecidos a calderas sobre ruedas, con los que se encuentra por todas partes.

Toda ciudad cuenta con organizaciones peculiares en respuesta a sus particulares necesidades, y una de las más curiosas organizaciones de París es su población de traperos. A primera hora del día —y en París el día comienza muy temprano— pueden verse en la mayoría de las calles, en los callejones aledaños a los patios y entre los edificios, como todavía ocurre en algunas ciudades de los Estados Unidos, incluso en partes de Nueva York, grandes cajones de madera donde los criados o los propios inquilinos de los edificios de apartamentos vacían la basura acumulada* durante el día

---

* Y eso continúa en la actualidad en ciudades como por ejemplo

anterior. Alrededor de tales cajones se congregan, y luego parten rumbo a nuevos campos que explotar, hombres y mujeres escuálidos y de mirada ansiosa, consistiendo las herramientas de su oficio en una maltratada bolsa o cesta colgada al hombro y un pequeño rastrillo con el que revuelven, exploran y examinan de la manera más minuciosa el contenido de los cajones de basura. Recogen y depositan en sus cestas, valiéndose del rastrillo, lo que sea que encuentran, con la misma facilidad con que un chino usa los palillos.

En París manda la centralización; y centralización y clasificación van siempre juntas. En sus comienzos, cuando la centralización comienza a manifestarse, la clasificación es su precursora. Todo lo que sea semejante o análogo es agrupado, y de la asociación de grupos surge un núcleo o punto central. Numerosos y largos brazos, a semejanza de tentáculos innumerables, irradian en todas direcciones, mientras que en el centro se eleva una cabeza gigantesca provista de un cerebro exhaustivo, ojos que escrutan a todo su alrededor, oídos agudos y una boca hambrienta.

Otras ciudades se parecen a las aves, bestias y peces cuyos apetitos y digestiones son normales. París se singulariza por su extraordinaria analogía con el pulpo. Producto de la centralización llevada ad absurdum, mantiene un estrecho parecido con la demoníaca bestia marina, y en nada se asemejan más que en su aparato digestivo.

Los turistas avispados que, habiendo dejado su criterio personal de lado para ponerse en manos de los Messrs. Cook o Gaze, «visitan» París en tres días, se quedan sorprendidos al descubrir que la cena por la que en Londres tendrían que pagar seis chelines la pueden disfrutar por

---

Barcelona con los actuales contenedores registrados por las gentes en su "carrito" que seleccionan todo lo que puede después venderse.

tres francos en un café del Palais Royal. No se asombrarían tanto de eso si se pararan a reflexionar en una de las especialidades de la vida parisina: la actividad clasificatoria, en la que tiene su génesis la figura del chiffonier.

El París de 1850 no era como el de hoy, y los que ven el París de Napoleón y del Barón Haussman poco se pueden imaginar cómo eran las cosas cuarenta y cinco años atrás.

Sin embargo, entre lo que no ha cambiado se hallan los distritos donde se deposita la basura. La basura es basura en todas partes y en todas las épocas, y la semejanza de sus amontonamientos es total. Por lo tanto, el viajero que visita los alrededores de Montrouge puede fácilmente retrotraerme al año 1850.

Aquel año me encontraba yo haciendo una larga estancia en París. Estaba muy enamorado de una joven que, a pesar de corresponder mi pasión, se avenía en tal medida a los deseos de sus padres que había prometido no verme ni escribirme por espacio de un año. También yo me había visto obligado a acceder a esas condiciones, acogiéndose a la difusa promesa de recibir la aprobación de los padres. Prometí estar fuera del país durante el periodo de prueba y no escribir a mi amada hasta el cabo de un año.

No hay que insistir en que el tiempo se desgranaba lentamente. No había nadie de mi familia ni de mis amigos que pudiera ofrecerme noticias de Alice; tampoco nadie de su entorno, lamento decirlo, con suficiente generosidad como para tranquilizarme sobre su salud y bienestar. Pasé seis meses viajando por Europa, pero al no encontrar ninguna distracción rentable decidí instalarme en París, donde, al menos, estaría cerca de Londres en el supuesto de que la buena fortuna me permitiera volver antes de la fecha señalada. Que «la esperanza pospuesta amarga el corazón» nunca fue más cierto que en mi caso, ya que, además del deseo perpetuo de ver el rostro que amaba, se juntaba siempre con la angustia de que un accidente me impidiera presentarme ante Alice y demostrarle que, durante el largo periodo de prueba, yo había sido fiel tanto a su confianza como a mi propio amor. Por lo tanto, toda aventura que acometía me generaba un gran dicha, ya que traía conmigo unas consecuencias mucho mayores de las que gestarían en circunstancias ordinarias.

Igual que todos los visitantes, agoté todos los lugares de interés en el primer mes de estancia, y en el segundo no me quedó más alternativa que buscar entretenimiento donde fuera. Habiendo hecho varias excursiones a los suburbios más conocidos, descubrí que existía una "tierra desconocida", al menos por lo que concierne a las guías de viaje, en el paraje social que media entre esos puntos señalados. Emprendí pues una investigación minuciosa, y cada día retomaba el hilo de mis pesquisas allí donde lo había interrumpido la víspera.

Con el paso de los días, mis paseos me condujeron a las cercanías de Montrouge, y descubrí allí la Última Thule* de la exploración social, un paraje tan poco conocido como las fuentes del Nilo Blanco. Resolví así investigar meticulosamente al chiffonier: su hábitat, costumbres y medio de vida.

Era una labor desagradable, difícil de llevar a cabo y con escasos visos de recompensa. Sin embargo, a pesar de lo que recomendaba el sentido común, la tozudez se impuso y afronté mi nueva investigación con mayor entusiasmo del que pondría en cualquier otro proyecto más útil y premiarles.

* La llamada "terra incognita" (desconocida) antes de los grandes descubrimientos que alguien la identificó con Islandia.

Cierto día, a última hora de una hermosa tarde de finales de septiembre, me adentré en el corazón del corazón de la ciudad de la basura. El sitio servía de cobijo a numerosos chiffoniers, a juzgar por la disposición nada arbitraria de los montones de basura próximos al camino. Pasé ente ellos, que se alzaban como centinelas firmes, decidido a penetrar más y más, hasta el destino final de la basura.

Vi entre los montones unas figuras nerviosas, que observaban con interés la llegada de un desconocido a un sitio semejante. El distrito era como una Suiza en miniatura, y el tortuoso camino desapareció de vista a mi espalda tras una curva.

Llegué por fin a lo que parecía una pequeña ciudad o comunidad de chiffoniers. Encontré unas cuantas chabolas o cabañas, como las que pueden hallarse en zonas remotas del Bog de Allan: toscas construcciones de zarzo y barro y techumbres de paja de ínfima calidad, desechada por los establos; sitios donde uno no querría entrar por ningún motivo y que ni siquiera en pintura resultarían atractivos, a no ser que fueran plasmados con mucho altruismo. Entre aquellas cabañas había una de las adaptaciones —no puedo denominarla residencia— más singulares que hubiera visto nunca. Un armario inmenso y viejo, un sobrante del algún boudoir* de Carlos VII o Enrique II, había sido transformado en alojamiento. Las puertas dobles estaban abiertas de par en par, así que el interior quedaba a la vista de quien pasara por delante. En una mitad del armario se encontraba una salita de estar de unos cuatro pies por seis, donde estaban sentados, fumando sus pipas alrededor de un brasero de carbón, seis antiguos soldados de la Primera República, con los uniformes sucios y ha-

* *Boudoir*: saloncito

rapientos. Estaba claro que entraban en la categoría de *mauvais sujef*, los ojos llorosos y las mandíbulas flojas eran pruebas claras de su amor compartido por la absenta, y sus miradas ojerosas mostraban el cansancio y la ferocidad calmada consecuencia de la bebida. El otro lado del armario permanecía como había sido en principio, con sus seis estanterías, excepto que estas habían sido recortadas hasta dejarlas con la mitad del fondo, y en cada una había ahora una cama arreglada con harapos y paja. La media docena de ilustres personajes que ocupaba este extraño habitáculo me miró con curiosidad al pasar, y cuando miré hacia atrás poco después vi sus cabezas arracimadas, susurrando. Aquello no me satisfizo nada; era un sitio solitario y aquellos hombres parecían de la peor especie. Sin embargo, no encontré motivos para tener auténtico miedo y seguí adelante, adentrándome más y más en el Sáhara. El camino era tortuoso y, después de recorrer varios tramos en forma de semicírculo, como cuando practicas el balanceo holandés al patinar sobre hielo, acabé por desorientarme.

Poco después, al rodear un montón de basura a medio levantar, vi, sentado sobre una paca de paja, a un viejo soldado con un abrigo raído.

«¡Vaya!», me dije. «La Primera República cuenta aquí con una buena representación de sus soldados».*

Cuando pasé ante él, el viejo no me miró, sino que permaneció con la vista decididamente clavada en el suelo. Una vez más, pensé: «He ahí las consecuencias de la guerra. A ese hombre ya no le queda ningún interés por descubrir».

Unos pasos más allá, con todo, miré de pronto hacia atrás y vi que su curiosidad no había desaparecido; el ve-

---

* Primera República (1792-1799).

terano había erguido la cabeza y me observaba con expresión interrogadora. Se parecía mucho a los seis hombres del armario. Al ver que lo estaba mirando volvió a agachar la cabeza, y, sin volver a pensar en él, retomé mi camino, satisfecho de haber encontrado cierta semejanza entre los antiguos guerreros.

Pocos después me topé con otro viejo soldado, parecido a los anteriores. Él tampoco dio pruebas de observarme cuando pasé por delante.

Para entonces ya se estaba haciendo tarde y yo empezaba a pensar en dar media vuelta. Regresé sobre mis pasos pero me topé con varios caminos diferentes que se perdían entre las pilas de basura y no sabía cuál debía tomar. Esperaba encontrar a alguien a quien preguntar cuál era el camino correcto, pero en ese instante no vi a nadie. Decidí seguir adelante unos pocos amontonamientos más, con la esperanza de ver a alguien; a ser posible, que no fuera un veterano.

Lo logré, pues al cabo de unas doscientas yardas apareció ante mí una chabola como las vistas anteriormente, con la salvedad de que esa no estaba destinada a servir de vivienda, pues contaba con nada más que un tejado sostenido por tres paredes, con el frente abierto. Por las pruebas que ofrecían los alrededores, deduje que era un lugar donde clasificar basura. En el interior de la chabola se encontraba una vieja arrugada y encorvada.

Su puso en pie cuando me aproximé y le pregunté el camino. Enseguida se enfrascó en una charla conmigo, y se me ocurrió que aquel, el mismísimo centro del Reino de la Basura, era el mejor lugar para recabar detalles sobre la historia de los traperos parisinos, sobre todo si contaba con el testimonio de quien parecía la moradora más vieja del lugar.

Empecé con mis preguntas y la vieja me dio respuestas de lo más sabrosas; había sido una de las mujeres que a diario se plantaban ante la guillotina y que destacaron durante la revolución por su violencia. Mientras hablábamos, dijo de pronto:

—Pero m'sieur debe de estar cansado de permanecer de pie.

Quitó el polvo a un taburete viejo y tambaleante para que yo tomara asiento. No me gustaba hacerlo, por razones varias, pero la pobre vieja era tan amable que no quería arriesgarme a ofenderla rechazando su deferencia, por no mencionar que la conversación de alguien que había tomado parte en la toma de la Bastilla era de lo más atractivo, así que me senté y continuamos la charla.

Mientras hablábamos, un viejo —mayor e incluso más encorvado y arrugado que la anciana— apareció por un lado de la chabola.

—Este es Pierre —dijo la vieja—. Él puede relatarle muchas historias al m'sieur, porque Pierre estuvo en todo, desde la Bastilla a Waterloo.

Respondiendo a mi invitación, el viejo cogió otro taburete y nos adentramos en un mar de recuerdos revolucionarios. Aquel viejo, pese a vestir como un espantapájaros, era como los seis veteranos del armario.

Yo me hallaba sentado en el centro de la baja chabola, con la mujer y el hombre frente a mí; ella a la izquierda y él a la derecha. El sitio estaba repleto de toda clase de curiosas muestras de basura, y de muchas cosas a las que yo no quería ni aproximarme. En un rincón había un montón de harapos que parecía caminar solo, de tantos gusanos como albergaba; y en otro, una pila de huesos de olor agobiante. De cuando en cuando, entre los montones descubría el brillo de los ojos de algunas de las ratas que infestaban el lugar. Aquello ya era suficientemente repugnante, pero más espantosa todavía era una vieja hacha de carnicero con mango de hierro y manchas de sangre que estaba apoyada contra la pared derecha. A pesar de todo, nada me preocupó. La charla de la vieja pareja eran tan atrayente que perdí la noción del tiempo, hasta que anocheció y los montones de basura arrojaron oscuras sombras sobre los valles entre ellas.

Al cabo de un rato empecé a ponerme nervioso. No sabía por qué, pero no estaba tranquilo. El desasosiego responde al instinto y es una advertencia. Las facultades físicas son con frecuencia los centinelas del intelecto, y cuando hacen sonar la alarma la razón empieza a actuar, aunque quizás de forma inconsciente.

Fue eso lo que me ocurrió. Recordé dónde estaba y lo que me rodeaba, y me pregunté qué haría en caso de verme atacado, y entonces me asaltó la idea, pese a carecer de causa manifiesta, de que me encontraba en peligro. La prudencia me susurró: «Permanece quieto y no des pruebas de inquietud». Y eso hice, consciente de que tenía cuatro sagaces ojos fijos en mí. «Cuatro… ¡por lo menos!». ¡Dios mío, qué idea tan horrible! ¡La chabola podía estar cercada por tres de sus costados por malvados! Podía estar a la voluntad de un grupo de bandidos resultado de medio siglo de revolución periódica.

El peligro agudizó mi inteligencia y mi capacidad de observación, tornándome más atento que de lo habitual. Me fijé en que la mirada de la vieja se veía atraída fijamente hacia mis manos. Yo también las miré y descubrí la causa: mis anillos. En el meñique izquierdo llevaba un sello de buen tamaño y en el derecho un diamante de calidad.

Pensé que, en caso de existir auténtico peligro, mi primera precaución debía ser evitar sospechas. Dirigí la conversación hacia el oficio de los traperos, hacia las cloacas, hacia las cosas que podían encontrarse allí, y así, lentamente, hasta las joyas. Viendo una buena ocasión, pregunté a la vieja si sabía algo de este último tema. Me contestó que sí, un poco. Extendí la mano derecha y, mostrándole el diamante, le pregunté qué le parecía. Me respondió que su vista era mala y se aproximó a mi mano.

—Discúlpeme —dije de la manera más tranquila que pude—. Lo verá mejor así.

Sacándomelo del dedo se lo tendí. Una luz irreverente alumbró su desgastado rostro cuando lo cogió. Me lanzó una mirada tan fugaz y aguda como el destello de un rayo.

Se inclinó sobre el anillo, quedando su rostro fuera del alcance de mi vista mientras lo examinaba. El viejo miraba detenidamente hacia el exterior de la chabola, al mismo tiempo que rebuscó en sus bolsillos y extrajo un pellizco de tabaco envuelto en un papel y una pipa, que procedió a cargar. Aproveché el momento de serenidad y el descanso que me habían concedido los escrutadores ojos de la pareja para examinar con minuciosidad el lugar, ahora borroso y lleno de sombras con la llegada del crepúsculo. Allí continuaban los hediondos montones de variados detritus, la espantosa hacha manchada de sangre apoyada en un rincón a mi derecha, y por todos los rincones, pese a la penumbra, el aterrador brillo de los ojos de las ratas. Los vi relucir incluso a través de las grietas entre las tablas de la parte baja del fondo de la chabola, cerca del suelo. ¡Un instante! ¡Aquellos ojos parecían más grandes, brillantes y lúgubres!

Se me empequeñecido el corazón y la cabeza me dio vueltas, presa de esa clase de borrachera espiritual durante la que no llegas a desplomarte tan solo porque al cuerpo no le da tiempo, pues te recuperas antes. Un segundo después volvía a estar sereno, lleno de un frío sosiego, repleto de energía, gobernado por un autocontrol se diría que perfecto y con los sentidos e instintos en alerta.

Conocía ahora la dimensión del peligro que planeaba sobre mí: ¡me observaba y rodeaba una banda de desesperados! No podía pensar cuántos había tendidos en el suelo tras la chabola, a la espera del instante de atacar. Yo sabía que era grande y fuerte, y ellos lo sabían también. Sabían asimismo, al igual que yo, que era inglés y que por lo tanto lucharía; así que todos esperábamos. Creí que en los últimos segundos había ganado cierta ventaja, ya que había descubierto el peligro y me había hecho una composición de la situación. Ahora, pensé, se pone a prueba mi valor, también mi resistencia; ¡mi capacidad de pelea la veremos luego!

La vieja levantó la cabeza y me dijo en tono de satisfacción:

—Muy buen anillo, ciertamente. ¡Un anillo precioso! Yo antes tenía muchos así, montones, ¡y también brazaletes y pendientes! Es que en los buenos tiempos yo llevaba de cabeza a toda la ciudad. Pero ya no se acuerdan de mí. No; en realidad, no. La gente de ahora nunca ha oído hablar de mí. Quizás sus abuelos me recuerdan, ¡los que quedan! —dijo, y se rio de una manera crispada, similar a un graznido. Y debo decir que la vieja me asombró cuando seguidamente me tendió el anillo de vuelta con un deje de anticuada elegancia no carente de teatralidad.

El viejo le clavó una mirada rabiosa, levantándose a medias del taburete, y me dijo de pronto y con aspereza:

—¡Déjeme verlo!

Estaba yo a punto de dárselo cuando la vieja dijo:

—¡No! ¡No se lo deje a Pierre! Es descuidado. Pierde las cosas. Y es un anillo muy valioso.

—¡Cierra el pico! —dijo el viejo, furioso.

Súbitamente, la vieja gritó, más alto de lo que parecía necesario:

—¡Aguarde! Le contaré una historia sobre otro anillo.

Algo en su tono de voz me hizo colocarme en guardia. Quizás fuera mi hipersensibilidad, agravada por el estado de excitación nerviosa, pero me pareció que no se dirigía a mí. Eché un vistazo y descubrí los ojos de las ratas en los montones de huesos pero no vi los que antes se asomaban a las grietas de la parte trasera de la chabola. Pronto, estos volvieron a aparecer. La orden de la vieja —«¡Espere!»— me había dado un respiro al posponer el ataque; los hombres habían vuelto a tumbarse en el suelo.

—Una vez perdí un anillo, un hermoso anillo de diamantes que había pertenecido a una reina, y que me regaló un recaudador de impuestos que más tarde se suicidó cuando lo abandoné. Pensé que me lo habían robado e interrogué a mi gente, pero no encontré ninguna pista. Vino la policía y dijo que a lo mejor se había caído por el desagüe. Bajamos a las alcantarillas, yo con mis hermosas ropas, porque no me fiaba de ellos si encontraban mi hermoso anillo. Ahora conozco mejor las alcantarillas, y a las ratas, pero nunca olvidaré la primera vez que entré en aquel sitio espantoso, lleno de brillantes ojos, todo un muro de ellos, justo donde acababa la luz de nuestras antorchas. Llegamos debajo de mi casa. Buscamos bajo la salida de mi desagüe y allí, entre la basura, encontramos mi anillo, y nos dispusimos a salir.

»Pero antes nos encontramos con algo más. Cuando ya casi estábamos en la salida, una banda de ratas de cloaca —estas humanas— se nos acercó. Dijeron a la policía que uno de los suyos se había adentrado en la alcantarilla y no había regresado. Había sido poco antes de que nosotros bajáramos por allí, así que, en caso de haberse perdido no podía estar muy lejos. Solicitaron ayuda para dar con él, por lo que dimos media vuelta. Intentaron impedirme ir con ellos, pero yo insistí. Era una experiencia nueva, y había recuperado el anillo. No tardamos en dar con algo. Había poca agua y el fondo de la alcantarilla quedaba a la vista: ladrillos y porquería de toda clase. El individuo había presentado batalla, incluso cuando ya se le había apagado la antorcha. ¡Pero eran muchas para él! ¡No hacía mucho que se habían ido! Los huesos todavía estaban calientes, y pelados. Hasta se habían comido a las que habían muerto de las suyas; había huesos de ratas además de los del tipo. Sus compañeros se lo tomaron con frialdad y se rieron de su camarada cuando lo descubrieron muerto, aunque de haber llegado a tiempo le habrían ayudado. ¡Bah! ¿Qué importa morir o vivir?».

—¿Y no tuvo usted miedo? —pregunté.

—¿Miedo? —preguntó ella riendo—. ¿Miedo yo? ¡Pregunte a Pierre! Entonces era joven y mientras avanzaba por aquella cloaca espantosa, con el muro de ojillos hambrientos moviéndose a la vez que la luz de las antorchas, no estaba nada sosegada. ¡Pero caminaba por delante de los hombres! ¡Esa es mi costumbre! Nunca permito que un hombre vaya por delante de mí. Todo cuanto necesito es la oportunidad y los medios. Y ellas lo devoraron, no dejaron más que los huesos, y nadie se dio cuenta, ¡no percibimos nada!

Al decir esto rompió en el arranque de carcajadas más horripilantes que yo hubiera oído jamás. Una gran poetisa describió a su heroína con las siguientes palabras: «¡Oh! ¡Verla u oírla cantar! ¡Nada más divino conozco!».

Lo mismo puedo afirmar de aquella bruja, salvo por lo divino, porque no podría decir qué fue más endiablado:

la risa rasposa, malvada, satisfecha de sí misma y cruel, o la sonrisa lasciva y la espantosa abertura cuadrada de su boca, semejante a una máscara trágica, y el brillo amarillento de los pocos dientes que le quedaban en sus mal formadas encías. Sus carcajadas, su sonrisa y su graznante satisfacción me informaron, tan claramente como lo habrían hecho palabras estruendosas, de que mi asesinato estaba a la vista, y que los asesinos solo aguardaban el instante propicio. Entre las líneas de su espantosa narración leí las instrucciones dirigidas a sus cómplices. «Esperad», parecía decir. «Aguardad el momento. Yo daré el primer paso. Conseguidme un arma y yo montaré la ocasión. No escapará. Que no hable y nadie se enterará. No habrá jaleo. ¡Las ratas harán su trabajo!».

Cada vez estaba más oscuro; la noche se acercaba. Eché un vistazo alrededor, todo seguía igual. El hacha ensangrentada en el rincón, los montones de podredumbre y los ojos en las pilas de huesos y en las grietas al pie de la pared.

Pierre había estado aculatando su pipa con gestos exagerados; encendió una cerilla y chupó por la boquilla.

—Querido —dijo la vieja—, qué oscuro está. Pierre, sé bueno y enciende la lámpara.

Pierre se levantó y tocó con la llama de la cerilla la mecha de una lámpara colgada a un lado de la entrada de la chabola, y que tenía un reflector que expandía luz sobre todo el sitio. Debía de ser la que utilizaban en sus salidas nocturnas.

—¡Esa no, estúpido! ¡Esa no! ¡La linterna! —le gritó la vieja.

Él la apagó inmediatamente de un soplido.

—Muy bien, mamá. La buscaré —dijo, y se puso a rebuscar en el rincón izquierdo de la estancia.

—¡La linterna! ¡La linterna! —no cesaba de gritar la vieja en la oscuridad—. Es la luz más útil para nosotros, la pobre gente. ¡La linterna fue la amiga de la revolución! ¡Es la amiga del chiffonier! ¡Nos ayuda cuando falla todo lo demás!

Apenas había dicho esto cuando se percibieron crujidos por todas partes y algo se arrastró, con claridad, sobre el tejado.

Una vez más, comprendí entre líneas. Interpreté sus palabras sobre la linterna.

«¡Que uno de vosotros suba al tejado con una cuerda y lo estrangule si huye!».

Miré hacia fuera y vi un lazo recortado sobre el fondo brillante del cielo. Ahora sí que me encontraba rodeado.

Pierre no tardó en encontrar la linterna. Yo no perdía de vista a la vieja. Pierre encendió otra cerilla y durante el fogonazo vi que la vieja se ponía de pie tras haber cogido del suelo, donde había aparecido misteriosamente, un cuchillo largo y afilado, o quizás una daga, que escondió entre los pliegues de su ropa. Parecía un afilador de carnicero, con el extremo en punta.

Dio luz la linterna.

—Tráela aquí, Pierre —dijo ella—. Ponla junto a la entrada, donde podamos verla. ¡Qué bonita es! ¡Desaloja la oscuridad para nosotros! ¡Es perfecto!

¡Perfecto para ella y sus propósitos! La luz me daba en la cara, dejando en sombra los rostros de Pierre y de la mujer, sentados frente a mí.

Se acercaba el momento de entrar en acción, pero sabía que la orden y el primer movimiento vendrían de la mujer, así que no la perdía de vista.

Yo estaba desarmado pero había decidido lo que haría. En primer lugar cogería el hacha de carnicero que estaba a mi derecha y me abriría paso con ella. Al menos, vendería cara mi vida. Eché un vistazo para asegurarme de su emplazamiento exacto y poder cogerla a la primera porque, más que nunca, la rapidez y la precisión serían decisivos.

¡Dios mío! ¡Había desaparecido! El terror de la situación me llenó, pero lo más terrible fue pensar en que, si yo salía perdiendo, Alice sufriría. O bien pensaría que la había engañado —y cualquiera que ame a alguien o que lo haya hecho comprende lo duro de tal perspectiva— o bien seguiría amándome cuando yo ya hubiera desaparecido para ella y para el resto del mundo, con lo que su vida acabaría desquiciada, hecha pedazos por la decepción y la desesperanza. Imaginar la dimensión de su dolor me dio fuerzas y me permitió resistir el horrible designio de los conspiradores.

Pienso ahora que no me fallé a mí mismo. La vieja me observaba como un gato mira a un ratón; tenía la mano derecha oculta entre los pliegues de la ropa, sujeta, estaba seguro, a la larga daga de espantosa apariencia. En caso de haber visto un asomo de debilidad en mi rostro, habría sabido que el momento había llegado y se habría abalanzado sobre mí como una tigresa, segura de cogerme desprevenido.

Miré hacia la noche y me encontré con una nueva fuente de peligro. Frente a la caseta y a su alrededor, a escasa distancia, percibí varias siluetas; permanecían inmóviles pero supe que estaban alerta y a la espera. En aquella dirección no tenía muchas posibilidades.

Eché otro vistazo a mi alrededor. En momentos de gran excitación o de gran peligro, que es causa de excitación también, la mente trabaja muy deprisa y la agudeza de las capacidades dependientes del cerebro aumenta en proporción. Eso sentí entonces. Me bastó un momento para darme cuenta la totalidad de la situación. Supe que habían sacado el hacha a través de un agujero abierto en una tabla podrida de la pared. En qué estado se encontraría esta para poder hacer tal cosa sin el menor ruido. La chabola era una trampa mortal, bien guardada por todas direcciones. En el tejado se hallaba un estrangulador dispuesto a atraparme con su lazo en caso de que yo consiguiera escapar de la daga de la bruja. Por la parte delantera el camino estaba cortado por no sabía el número de hombres. Y en la parte trasera me aguardaba una fila de desesperados —había visto sus ojos entre las tablas la última vez que miré— a la espera de una señal para levantarse de un salto. Si había que hacerlo, ¡ahora era el momento!

Tan tranquilamente como pude, me giré un poco sobre el taburete, como si quisiera acomodar la pierna derecha. Seguidamente, con un salto repentino, agachando la cabeza y protegiéndola con las manos, y con el instinto luchador de los caballeros de antaño, exclamé el nombre de mi amada y me arrojé contra la pared trasera de la choza.

A pesar de encontrarse atentos, lo rápido de mi movimiento sorprendió a Pierre y a la vieja. Mientras atravesaba las tablas podridas vi a la vieja levantarse de un salto como un felino y oí su exclamación de frustración y rabia. Pisé algo que se movió y supe que era la espalda de uno de los hombres que esperaban bocabajo fuera de la chabola. Sufrí arañazos por clavos y astillas pero no heridas mayores. Sin aliento, subí la pila de basura que me encontré delante, oyendo a mi espalda el ruido sordo que la chabola hizo al venirse abajo.

Fue una escalada de pesadilla. El montón, pese a no ser demasiado alto, sí era muy empinado, y a cada paso la masa de basura y ceniza se deshacía y yo resbalaba. Se levantó el polvo, ahogándose; era repugnante, hediondo, insoportable, pero sabía que era cuestión de vida o muerte así que continué subiendo. Los segundos parecían horas, pero los instantes ganados gracias a la sorpresa, unidos a mi juventud y fortaleza, me dieron una gran ventaja, y, pese a que varias siluetas luchaban por seguirme, en un completo silencio más espantoso que cualquier sonido, alcancé la cima sin esfuerzo. Después de aquello he escalado el cono del Vesubio, y mientras me esforzaba en aquella temible pendiente, entre fumarolas sulfurosas, el recuerdo de aquella espantosa noche en Montrouge volvió a mí con intensidad tal que a punto estuve de padecer un desmayo.

El montón era uno de los más altos del basural, y mientras trepaba hacia lo alto, jadeando en busca de aire y con el corazón a cien como un martillo pilón, descubrí a mi izquierda el brillo rojizo del cielo, y más próximas luces de casas. ¡Gracias a Dios! ¡Ya había descubierto dónde estaba y en qué dirección se encontraba París!

Hice un alto de dos o tres segundos y miré atrás. Mis perseguidores lo hacían a relativa distancia, pero lejos de ceder, y avanzando en un silencio mortal. Más allá la chabola había quedado destruida: una masa de tablas y de siluetas en movimiento. Podía verla bien porque de ella ascendían las llamas; la linterna había prendido fuego a los harapos y la paja. ¡E incluso así de allí no llegaba ruido alguno! ¡Nada más que completo silencio! Aquellos espectros todavía podían ganarme la mano, en cualquier momento.

No tuve tiempo más que para una mirada rápida, porque cuando, antes de iniciar el descenso, eché un vistazo alrededor del apilamiento de basura, descubrí varias figuras oscuras que corrían por ambos laterales para barrerme el paso. Me tocaba correr para salvar mi vida. Intentaban cerrarme el camino a París, y contestando a lo que me dictó el instinto me lancé por el lado derecho. Justo a tiempo, porque aunque llegué abajo en lo que me parecieron unos pocos saltos, los viejos que me perseguían se acercaron mucho y, cuando me abalancé por el hueco entre dos montones de basura, a punto estuvo de alcanzarme un golpe propinado con la terrible hacha de carnicero. ¡Era imposible que hubiera dos armas como aquella!

Arrancó entonces una pavorosa persecución. Saqué terreno fácilmente a los viejos, y hasta cuando algunos más jóvenes y unas pocas mujeres se sumaron a la cacería continué ganando distancia. Pero no sabía por dónde ir y ni tan solo podía guiarme por la luz del cielo, que había quedado a mi espalda. Yo había oído que, excepto que tomara una decisión juiciosa, alguien que se ve perseguido siempre gira a la izquierda, y eso me descubrí haciendo; pienso que mis perseguidores, siendo más animales que personas, lo sabían también, ya fuera por perversidad o instinto, porque después de un gran esfuerzo tras el que confiaba poder hacer un respiro para recobrar el aliento, vi pasar a toda prisa frente a mí a dos o tres siluetas que bordeaban una pila.

¡Iba a caer en una tela de araña! Pero la consciencia de este nuevo peligro trajo consigo la resolución del ser humano cercado, y en el siguiente giro me lancé hacia la derecha. Continué en esa dirección unos cientos de yardas y volví a doblar a la izquierda, convencido de que por lo menos ya no estaba bloqueado.

Pero me seguían persiguiendo. La muchedumbre se acercaba, terca, tenaz, incansable y siempre en un absoluto y pavoroso silencio.

Al aumentar la oscuridad —casi era ya de noche— los apilamientos parecían más altos que antes. Sacaba una buena ventaja a mis perseguidores, así que me lancé a trepar una pila de basura.

¡Mi contento no podría haber sido más grande! Casi había salido de aquel infierno de desperdicios. Frente a mí, el brillo rojizo de París alumbraba el cielo, y más allá se columbraban las alturas de Montmartre: una semiluz salpicada de puntos brillantes como estrellas.

Recuperada la energía en un instante, salvé los pocos montones que quedaban, cada vez de menor altura, y llegué a terreno llano. Sin embargo, ni tan solo allí la perspectiva era halagüeña. A mi alrededor no había más que oscuridad y desolación; había ido a desembocar en uno de esos lugares húmedos, oscuros y llanos que hay en los alrededores de las grandes ciudades. Lugares sucios y deprimentes, destinados a la aglomeración final de cuanto es perjudicial, y donde la tierra es tan pobre que ni los más necesitados sienten ganas de ocuparla. Con los ojos acostumbrados a la penumbra del atardecer, y lejos de las sombras de las horribles pilas de basura, veía mucho mejor que un instante atrás. También podía ocurrir, claro está, que el reflejo de las luces de París en las nubes, a pesar de hallarse la ciudad a unas cuantas millas, proporcionara bastante claridad. Sea como fuere, podía ver a cierta distancia.

En frente se extendía un basural yermo y, en principio, llano, salpicado del oscuro brillo de algunas charcas de agua estancada. A la derecha, y lejano en apariencia, entre un cúmulo de luces, se elevaba la oscura masa de Fort Montrouge, y a la izquierda, entre la oscuridad, la luz en las ventanas de unas casas aisladas señalaba la población de Bicêtre. Me fue suficiente un instante para decidirme por la derecha e intentar alcanzar a Montrouge. Allí encontraría al menos alguna protección y era posible que no tardara en llegar a algún cruce de caminos conocido. En alguna parte, no muy lejos, debía estar la estratégica carretera que conectaba la cadena de fuertes que rodeaba la ciudad.

Miré atrás. Encima de los montones de la basura y recortadas contra el resplandor parisino, vi aproximarse varias siluetas negras, y a la derecha, a buena distancia todavía, unas cuantas más se desplegaban entre donde yo estaba y mi objetivo. Estaba claro que intentaban cortarme el paso en esa dirección, así que mis opciones habían aminorado; se limitaban ahora a seguir de frente o hacia la izquierda. Me agaché y escudriñé el horizonte en busca de más siluetas recortadas, sin ver rastro de enemigos. Deduje que si no habían protegido aquella dirección ni parecían tener intención de hacerlo, era porque guardaba algún peligro. Así pues me decanté por continuar hacia el frente.

No era una perspectiva halagüeña, y no tardó en hacerse peor. El terreno se volvió blando y limoso, y cada pocos pasos mis pies se hundían, lo que resultaba de lo más desagradable. A pesar de que me había parecido que el terreno era llano, debía ir de bajada porque pronto me vi rodeado de puntos más altos que donde yo estaba. Miré a mi alrededor sin atisbar a mis perseguidores. Era extraño, porque durante toda la noche aquellas aves nocturnas me habían perseguido con tanta facilidad como a plena luz del día. Me maldije por haber elegido aquella mañana un traje de turista de tweed claro. El silencio y el no poder ver a mis enemigos, sintiendo que ellos me observaban, era terrible, así que con la esperanza de que alguien que no perteneciera a aquella temible banda pudiera oírme, grité varias veces. No obtuve ni la más mínima respuesta, ni tan solo un eco recompensó mis esfuerzos. Me quedé paralizado un momento, con la vista fija. En uno de los puntos elevados vi moverse una sombra, y luego otra, y otra más. Ocurría eso a mi izquierda; querían adelantarme para cortarme el paso.

Pensé de nuevo que mis facultades como corredor me permitirían una vez más librarme de mis enemigos, y me lancé adelante a todo correr.

¡Splash!

Mis pies se habían sumergido en una masa de desperdicios viscosos y había caído de cabeza en una charca putrefacta. La mezcla de agua y barro en que mis brazos se hundieron hasta los codos era hedionda en una medida que escapaba a la descripción, y al caer de improviso había tragado algo de aquella porquería repugnante, que a punto estuvo de ahogarme y que me hizo jadear en busca de aliento. Nunca olvidaré los momentos que pasé tratando de rehacerme, al borde del desmayo, rodeado por la fetidez de la inmunda charca, de la que se alzaba una neblina blancuzca y fantasmagórica. Y lo peor de todo, la agudeza fruto de la desesperación con que el animal acosado avista la manada que se cierne sobre él me permitió ver, mientras continuaba quieto e indefenso, que mis perseguidores me cercaban con rapidez.

Es curioso qué cosas tan extrañas nos detenemos a pensar hasta cuando todas nuestras energías mentales se encuentran concentradas en una amenaza terrible y cercana. Mi vida estaba en peligro, mi integridad dependía de que me pusiera en acción, y debía tomar decisiones trascendentales casi a cada paso que daba, y pese a todo no podía dejar de admirar la extraña persistencia de aquellos viejos. Su callada resolución, su firme y lúgubre empeño eran motivo no solo de temor sino asimismo de cierta admiración. Lo que debieron ser en el vigor de su juventud. Comprendí entonces la carga arrolladora en el puente de Arcola y los gritos de desprecio de la Vieja Guardia en Waterloo.* La actividad mental inconsciente tiene momentos de recreo, hasta en ocasiones como aquella, pero por fortuna no merman los pensamientos que llaman a la acción.

Me bastó un vistazo para saber que había fracasado en mi objetivo. Mis enemigos habían conseguido cercarme por tres lados y me obligaban a dirigirme hacia la izquierda, donde algún peligro se cernía, pues ellos no se habían molestado en ir por allí. Acepté la alternativa; era eso o nada. Mis enemigos tenían tomadas las posiciones elevadas, así que hube de conformarme con las bajas. Sin embargo, pese a los impedimentos del barro y del terreno irregular, la juventud y la buena forma física me facultaron para mantener la distancia y, tomando un curso diagonal, incluso les gané terreno. Eso me comportó ánimo y energía; el entrenamiento habitual me permitía sacar fuerzas de flaqueza. Ante mí el terreno ascendía un poco. Corrí pendiente arriba y me vi en una extensión embarrada, con un dique o terraplén oscuro y lúgubre al fondo. Pensé que si era capaz de llegar sano y salvo allí, donde dispondría de terreno sólido bajo los pies y un sendero que me guiara, podría hallar con comparativa facilidad una escapatoria a mis problemas. Tras mirar a derecha e izquierda y no ver a nadie cerca, durante unos minutos no despegué la vista de mis pies, para ayudarme a cruzar la ciénaga. Era un trabajo sucio y duro, pero que no presentaba gran peligro, solo necesitaba esfuerzo, y no tardé en alcanzar el dique. Animado, trepé la pendiente, solo para toparme con otra desagradable sorpresa. A cada lado había siluetas encorva-

* Victoria de Napoleón en Arcola (Arcole), 1796. En Waterloo. La gran derrota de Napoleón, 1812, su guardia personal pereció al grito de: "*¡La Guardia mueve pero no se rinde!*"

das. Corrieron hacia mí desde la derecha y la izquierda. Sostenían una cuerda entre todos.

El cerco casi había culminado. No podía pasar por ningún lado y se me agotaba el tiempo.

Únicamente tenía una opción y la escogí. Crucé el dique a toda velocidad y, salvando en el último momento a mis enemigos, me arrojé a la corriente.

En cualquier otra ocasión aquella agua me habría parecido asquerosa y hedionda, pero entonces la agradecí tanto como el viajero sediento agradece un arroyo de aguas cristalinas. ¡Era un camino de salvación!

Mis perseguidores se lanzaron tras de mí. Si la cuerda la hubiera llevado solo uno de ellos, habría sido mi perdición, porque podría haberme echado el lazo antes de que tuviera yo tiempo de dar una sola brazada, pero al sostenerla entre todos se entorpecían, lo que los retrasó, y para cuando la cuerda chapoteó en el agua yo ya me había distanciado. Nadé con fuerza durante unos minutos. Refrescado por el chapuzón y animado por haberme librado de ellos, volví a trepar al dique con la moral más fortalecida.

Desde lo alto miré hacia atrás. A través de la oscuridad vi a mis acosadores diseminados a lo largo del dique. La persecución no había terminado, y yo debía elegir una nueva via para escapar. Más allá del dique se extendía un paraje desolado y cenagoso como el que había cruzado antes. Decidí salvarlo y dediqué unos minutos a pensar hacia qué lado del dique dirigirme. Percibí algo: el chapoteo ronco de unos remos; agudicé los oídos y grité.

No hubo contestación, pero el sonido calló. Mis enemigos se habían agenciado un bote. Eché a correr hacia el sentido del dique opuesto a donde ellos se encontraban. Cuando pasé a la izquierda del punto donde me había lanzado al agua, percibí chapoteos, suaves, silenciosos; un ruido como el de una rata al zambullirse en el agua, excepto que más alto, y vi el lustre oscuro de la superficie roto por las estelas de varias cabezas que se aproximaban. Varios de mis enemigos se aproximaban a nado.

A mi espalda, aguas arriba, el golpeteo y los crujidos de unos remos rompieron el silencio; mis enemigos no estaban dispuestos a dejarlo correr. Saqué fuerzas de flaqueza y aceleré la velocidad. Al cabo de un par de minutos miré atrás y un rayo de luz que se filtró entre las nubes iluminó varias siluetas que trepaban por el terraplén. Se había levantado viento; la superficie se había rizado y contra el dique rompían olitas. Tenía que mirar bien dónde pisaba si no quería tropezar, teniendo presente que un traspié suponía una muerte segura. Unos minutos después volví a mirar atrás. En el dique había solo unas pocas personas, pero había muchas más cruzando la llanura pantanosa. No sabía qué nuevo peligro se me presentaba eso; apenas podía imaginarlo. Retomé la carrera, a la vez que me daba cuenta de que mi camino dibujaba una lenta curva a la derecha. Miré hacia delante y descubrí que el río se había hecho mucho más ancho que antes, y que el dique bajaba, y que al otro lado, a cierta distancia, había una nueva corriente de agua, desde cuya orilla más cercana unas cuantas personas corrían hacia mí a través del pantano. Me encontraba en una especie de isla.

Mi situación era ahora desesperada: los enemigos me habían rodeado totalmente. Por detrás se aproximaba el golpeteo de los remos, ahora más rápido, como si mis perseguidores presintieran la proximidad del objetivo. A mi alrededor no había más que desolación; ni un tejado ni una luz hasta donde alcanzaba mi vista. Lejos, a la derecha, se levantaba una masa oscura, pero no sabía de qué se trataba. Me paré a pensar qué hacer durante un momento, no más, pues los perseguidores se aproximaban. Tomé una decisión. Me deslicé terraplén abajo y me metí en el agua. Me zambullí de cabeza para alcanzar lo antes posible el centro de la corriente, dejando atrás el remanso tras la isla, si es que en efecto se trataba de eso. Esperé hasta que una nube escondió la luna, dejándolo todo a oscuras. Me quité el sombrero y lo abandoné en el agua para que la corriente se lo llevara, y al segundo siguiente me zambullí y buceé con todas mis fuerzas. Pasé, creo yo, medio minuto bajo el agua, y cuando emergí lo hice tan en silencio como fui capaz, y miré hacia atrás. Mi sombrero marrón claro se alejaba lentamente. Lo seguía de cerca un bote viejo y bamboleante, impulsado con desesperación por un par de remos. La luna continuaba cubierta en parte por las nubes pero hasta con aquella luz parcial pude a ver a un hombre en pie en la proa, sosteniendo, dispuesto a asestar un golpe, lo que me pareció la espantosa hacha de la que yo había escapado antes. El bote se acercó más y más, y el hombre golpeó con furia. El sombrero desapareció. El hombre se inclinó hacia delante y a punto estuvo de ir a parar al agua. Sus camaradas lo agarraron, pero había perdido el hacha, y después, cuando invertí todas mis energías en alcanzar la orilla más alejada, oí una maldición entre dientes: «Sacre!», exclamación del enfado de mis frustrados perseguidores.

Era el primer sonido proveniente de boca humana que percibía en aquella espantosa cacería, y pese a toda la amenaza y el peligro que computaba, lo agradecí, ya que rompía el silencio espeluznante que hasta entonces me había hecho temblar y horrorizado. Era una clara señal de que mis oponentes eran personas, no fantasmas, y de que tenía al menos una oportunidad, aunque yo fuera solo uno contra muchos.

Rota la magia del silencio, los sonidos empezaron a llegar más nítidos y en rápida sucesión. Desde el bote hacia la orilla y a la inversa hubo un intercambio de preguntas y respuestas susurradas. Miré atrás, lo que fue un gran fallo, porque al momento alguien vio mi cara, una mancha blanca entre la oscuridad del agua, y profirió un grito de alarma. Varios dedos me señalaron y un momento después el bote, sobrecargado de gente, me seguía apretando la marcha. Yo estaba próximo a mi destino pero el bote se acercaba muy veloz. Unas pocas brazadas más y habría alcanzado la orilla, pero sentía el bote a mi espalda y esperaba recibir, en cualquier instante, el golpe de un remo o de otra arma en la cabeza. Si no hubiera visto aquella hacha aterradora perderse en el agua creo que no habría tenido ánimo para llegar a la orilla. Oí los juramentos murmurados de los que no remaban y los resoplidos de los remeros. Con un esfuerzo máximo alcancé la orilla y trepé por ella a todo correr. No había ni un segundo que malgastar; justo detrás de mí el bote tocó tierra y varias personas saltaron en mi persecución. Llegué a lo alto del dique y eché a correr hacia la izquierda. El bote se apartó de la orilla y me siguió descendiendo la corriente. Viendo peligro por ese costado, hice una finta y bajé por el otro lado del dique y, tras salvar un trecho embarrado, llegué a terreno seco y llano, donde aceleré la carrera.

No me despegaba de mis incansables perseguidores. A lo lejos volví a ver la masa oscura de antes, pero más próxima y grande. El corazón me dio un vuelco de alegría; tenía que ser la fortaleza de Bicêtre. Con renovadas energías, continué adelante. Había oído que, uniendo las fortalezas que protegían París, había vías estratégicas, caminos hundidos en el terreno por donde los soldados podían marchar a cubierto del enemigo. Si lograba llegar a una de aquellas vías estaría a salvo, pero en la oscuridad no veía rastro de ninguna, así que seguí adelante confiando ciegamente en dar con una.

Poco después llegué a un desnivel pronunciado, por cuyo fondo se abría un camino protegido a cada lado por un foso de agua y un alto muro.

En el límite de mis fuerzas y a punto de desmayarme mareado, continué adelante; el terreno era cada vez más irregular, tropecé, caí, me levanté y seguí corriendo con la ciega desesperación de la presa. Pensar en Alice volvió a proporcionarme ánimos. No cedería y arruinaría su vida; lucharía hasta el final. Con gran esfuerzo alcancé la cumbre del muro. Mientras me esforzaba como un puma para trepar, sentí que alguien me rozaba un pie. Me encontraba ahora en una especie de calzada elevada y ante mi vi una luz débil. A ciegas y mareado, corrí, me tambaleé y caí, volviendo a levantarme cubierto de polvo y ensangrentado.

—Halt là!

Aquellas palabras parecieron venir del mismísimo cielo. Me rodeó un rayo de luz y grité de alegría.

—Qui va là?

Chasquidos de mosquetes, acero reluciente ante mis ojos. Instintivamente, frené en seco, a pesar de la cercanía de los pasos de mis perseguidores.

Hubo más gritos, y de una puerta se desplegó una marea roja y azul al montarse la guardia. A mi alrededor todo era brillo, luces reflejadas sobre acero, tintineos y chasquidos de armas, y órdenes pronunciadas en voz alta y áspera. Cuando me desplomé, totalmente agotado, un soldado me aguanto. Miré atrás, expectante y aterrado, y vi al grupo de sombras dispersarse entre la noche. Después debí de desmayarme. Cuando volví en si estaba en la sala de la guardia. Me dieron brandi y al cabo de un rato pude explicarles lo que me había pasado. Apareció un comisario de policía, aparentemente caído del cielo, como suelen presentarse los oficiales de policía en París. Me escuchó con interés y se retiró a consultar con el oficial al mando. Debieron de coincidir en lo que había que hacer, porque me preguntaron si estaba en condiciones para acompañarlos.

—¿Adónde? —pregunté.

—A las montañas de basura. Puede que todavía los pudimos detener.

—Lo intentaré —dije.

El comisario me miró con detenimiento.

—¿Prefiere usted esperar un poco, quizás hasta mañana, inglesito? —preguntó. Eso hirió mis sentimientos, quizás como era su intención, y me alcé en pie de un salto.

—¡Vayamos! —dije—. ¡Inmediatamente! ¡Un inglés siempre está presto a cumplir con su deber!

El comisario era un buen hombre, además de inteligente; me dio una amable palmada en el hombro.

—Brave garçon! —dijo—. Discúlpeme, sabía que eso le ayudaría. La guardia está lista. ¡Adelante!

Atravesamos la sala de la guardia, un pasaje abovedado y salimos al exterior. Algunos de los hombres que marchaban delante portaban potentes linternas. Cruzamos varios patios siguiendo un camino en pendiente y, cruzando una gran arcada, pasamos a un camino por debajo del nivel del terreno, el mismo que había visto durante mi huida. Se dio la orden de formar en columna de a dos, y los soldados marcharon a paso ligero, a medio camino entre el paseo y la carrera. Sentí renovar mis energías, al cambiarme ahora de presa en cazador. Al cabo de escasa distancia llegamos a un pontón bajo que cruzaba la corriente, no muy lejos de donde yo la había atravesado a nado. Habían intentado sabotearlo; las cuerdas estaban cortadas y había una cadena rota. El oficial decía al comisario:

—¡Hemos llegado a tiempo! Unos minutos más y habrían destrozado el puente. ¡Adelante, más deprisa!

Allá fuimos. Llegamos a otro pontón que cruzaba la corriente sacudida por el viento; al acercarnos oímos golpes de metal contra metal, también intentaban destruir aquel puente. Tras una orden varios hombres alzaron los rifles.

—¡Fuego!

Hubo una descarga. Se escuchó un grito acallado y las siluetas se dispersaron. Pero el mal ya estaba hecho, y vimos el extremo opuesto del pontón derivar arrastrado por la corriente. Esto supuso un importante retraso; transcurrió casi una hora hasta que hubimos cambiado las cuerdas y reparado el puente lo bastante como para poder atravesarlo.

Retomamos la persecución. Más y más rápido, nos dirigimos a los montones de basura.

Al cabo de un rato llegamos a un lugar que me era conocido. Descubrí los restos del fuego, unos pocos maderos seguían ardiendo sin llama y provocaban un resplandor rojizo, pero la mayor parte de las cenizas ya estaba fría. Identifiqué el emplazamiento de la chabola y la colina de basura que había detrás, por la que había subido a la carrera, y el parpadeante brillo de los ojos de las ratas, con su clase de fosforescencia. El comisario dijo algo al oficial, que gritó:

—¡Alto!

Los soldados realizaron la orden de desplegarse y vigilar, y nosotros nos pusimos a examinar las ruinas. El comisario en persona movió tablas y restos carbonizados, que los soldados cogían y apilaban. Poco después retrocedió, asombrado por algo, se agachó y me hizo señas para que me aproximara.

—¡Mire!

Era una escena ingrata. Un esqueleto yacía bocabajo, una mujer por sus dimensiones, y de avanzada edad, a juzgar por la gastada textura de los huesos. Entre las costillas asomaba una larga daga, confeccionada a partir de un hierro para afilar, con la afilada punta clavada en la espina dorsal.

—Como pueden ustedes darse cuenta —nos dijo el comisario al oficial y a mí mientras sacaba su cuaderno de notas— la mujer debe de haber caído sobre su propia arma. Aquí hay muchas ratas, miren cómo relucen sus ojos entre los montones de basura, y pueden ustedes comprobar también —sufrí un escalofrío cuando lo vi posar una mano desnuda sobre el esqueleto— que hace poco que se han ido. Los huesos todavía están calientes.

No había rastro de nadie más alrededor, ni vivo ni muerto, así que, formando en columna una vez más, los soldados continuaron adelante. Poco después llegamos al viejo armario convertido en morada. Nos acercamos. En cinco de los seis compartimentos dormía un anciano, tan profundamente que ni tan solo la luz de las linternas los despertó. Su aspecto era marchito, lúgubre, gris, con los rostros chupados, arrugados y tiznados y sus grandes mostachos blanquecinos.

El oficial exclamó una áspera orden y un momento después los cinco estaban levantados y en posición de firmes.

—¿Qué están haciendo ustedes aquí?

—Dormir.

—¿Dónde están los otros chiffoniers? —preguntó el comisario.

—Se han ido a su tarea.

—¿Y ustedes?

—Nosotros estamos de guardia.

—Peste! —exclamó el oficial, riéndose con aspereza,

mientras miraba a los ancianos a la cara uno por uno, y añadió con crueldad premeditada—: ¡Durmiendo cuando se encuentran de servicio! ¿Es ese el estilo de la Vieja Guardia? ¡En ese caso no me sorprende lo que pasó en Waterloo!

A la luz de las linternas vi empalidecer las caras viejas y tiznadas, y a punto estuvo de hacerme retroceder la mirada de los viejos ante las risas con que los soldados aplaudieron el cruel chiste del oficial.

Me sentí vengado en parte.

Por un momento pareció que iban a arrojarse sobre el bromista, pero años de instrucción los habían educado bien y continuaron inmóviles.

—Ustedes son solo cinco —dijo el comisario—, ¿dónde está el sexto?

La respuesta llegó junto con lúgubres risitas.

—¡Ahí! —El que había hablado señaló al fondo del armario—. Falleció anoche. No queda mucho de él. ¡El entierro de las ratas es muy rápido!

El comisario se agachó sobre los restos. Se volvió seguidamente hacia el oficial y dijo con tranquilidad:

—Podemos marcharnos. Aquí no queda ninguna pista, nada que pruebe que este era el hombre al que hirieron las balas de sus soldados. Seguramente ellos lo mataron para ocultar el rastro. Fíjese. —Se agachó de nuevo y apoyó las manos sobre el esqueleto—. Las ratas actúan rápido y las hay a montones. ¡Estos huesos todavía están calientes!

Tuve un escalofrío, como muchos de los que estábamos allí.

—¡A formar! —dijo el oficial, y marchando en columna, con las linternas columpiándose al frente y los veteranos colocados en el centro del grupo, salimos a paso ligero del basural y volvimos a la fortaleza de Bicêtre.

Hace mucho que concluyó mi año de prueba y Alice es mi esposa. Pero cuando recuerdo aquellos doce meses, uno de los episodios que lo tengo con más claridad es el de mi visita a la Ciudad de la Basura.

El sueño de las manos rojas

Lo primero que me explicaron de Jacob Settle fue una simple descripción: «Es un tipo infeliz», pero creo que reflejaba claramente la opinión de sus vecinos y compañeros de trabajo. Más que una simple opinión, la frase encerraba una cierta tolerancia relajada, una completa ausencia de sentimiento positivo, que dejaba manifiesta la posición que aquel hombre ocupaba en la estima pública. Sin embargo, existía una desemejanza entre lo que tal afirmación transmitía y la persona real que me hizo reflexionar y, paulatinamente, a medida que fui adentrándome en el conocimiento del lugar y de los vecinos, empecé a sentir un interés cada vez mayor por Jacob Settle. Averigüé que no se ahorraba los actos bondadosos, sin incurrir en dispendios económicos más allá de sus escasas posibilidades, sino mediante diversas manifestaciones de previsión, paciencia y sacrificio personal, formas de caridad mucho más sinceras. Mujeres y niños confiaban en él de manera instintiva, pese a que, por extraño que parezca, él los evitaba, excepto cuando alguien estaba enfermo, circunstancia en que él acudía a prestarle ayuda en la medida que le era posible, con turbación y cierta torpeza de conducía. Llevaba una vida solitaria, en un pequeñísimo cottage, más bien una cabaña, de una sola estancia, que mantenía él solo, más allá de los límites del páramo. Su existencia me pareció tan triste y solitaria que puse todo mi empeño en animarlo un poco, así que cuando ambos coincidimos visitando a un muchacho al que yo había herido por accidente, aproveché la circunstancia para ofrecerme a prestarle unos libros. Aceptó gustoso, y cuando nos separamos bajo la grisura del crepúsculo tuve la impresión de que cierta confianza mutua había nacido entre nosotros.

Siempre me devolvía los libros con puntualidad y limpios, y con el transcurso del tiempo Jacob Settle y yo llegamos a ser amigos. En un par de ocasiones, cuando yo paseaba por el páramo los domingos por la tarde, fui a visitarlo, pero él se mostraba tan reservado e incómodo que me hice el remolón de pasar a verlo. Él nunca, bajo ninguna circunstancia, fue a mi casa.

Un domingo por la tarde, regresaba yo de dar un largo paseo por el páramo y al pasar frente al cottage de Settle me detuve a saludarlo. Como la puerta estaba cerrada pensé que habría salido, así que llamé nada más que por probar, o por la fuerza de la costumbre, sin aguardar a que nadie respondiera. Para mi sorpresa, percibí una voz débil procedente del interior, aunque no pude comprender lo que decía. Entré y encontré a Jacob tendido en la cama, medio vestido. Lo encontré pálido como un cadáver y gotas de sudor se le derramaban por la cara. Sus manos agarraban involuntariamente la ropa de cama, igual que el hombre que se está ahogando se agarra a lo que sea. Cuando me acerqué, se irguió, con una mirada ida, de terror, en los ojos fijos y abiertos de par en par, como si una espantosa aparición se hubiera presentado ante él, pero cuando me reconoció se dejó caer sobre la almohada con un lastimero gemido de alivio y cerró los ojos. Volvió a abrirlos y me miró, pero con una expresión tan desesperada y afligida que, lo juro por mi vida, yo jamás había presenciado un rostro que transmitiera tanto espanto. Tomé asiento a su lado y me interesé por su salud. Pasó un tiempo sin contestar, salvo para decirme que no estaba enfermo, pero a continuación, tras observarme, se irguió a medias apoyándose en un codo y me confesó:

—Agradezco su amabilidad, señor, pero es cierto lo que le digo. No padezco ninguna enfermedad, tal como los hombres lo entienden, pero sabe Dios si no existen enfermedades peores que las que conocen los médicos. Se lo contaré, pues es usted tan amable conmigo, pero confío en que nunca diga usted nada a nadie, porque eso me acarrearía desgracias añadidas y peores. Es un mal sueño lo que me hace padecer.

—¡Un mal sueño! —dije con la esperanza de animarlo—. Los malos sueños desaparecen con el amanecer. Ni siquiera eso, es suficiente con despertarse.

Me callé de repente, porque sin necesidad de que él dijera nada leí su respuesta en la mirada entristecida que dirigió a su pequeña morada.

—¡No! ¡No! Es así para la gente que disfruta de una vida confortable, junto a sus seres queridos. Para quienes viven solos y no les resta más camino que hacerlo así, es mil veces peor. ¿Qué alegría puedo tener cuando me despierto aquí, en el silencio de la noche, con el ancho páramo a mi alrededor, lleno de voces y rostros que hacen de mi despertar una pesadilla peor que la que padecía en sueños? Ah, joven señor, usted no posee un pasado que envía sus legiones para poblar la oscuridad y el vacío, y ruego a Dios que jamás lo tenga.

Existía una seguridad tan absoluta e indiscutible en sus palabras que renuncié a no dar importancia a los inconvenientes de su vida solitaria. Me sentí en presencia de alguna influencia secreta que escapaba a mi apreciación. Para mi alivio, pues no sabía qué responder, continuó:

—He tenido el mismo sueño durante dos noches. La primera ya fue bastante malo pero conseguí soportarlo. La pasada noche la espera fue casi peor que el sueño en sí, hasta que este llegó y barrió todo recuerdo de padecimientos menores. Permanecí despierto hasta justo antes del amanecer, y entonces lo soñé otra vez, y desde ese instante vivo preso de una agonía como la que seguro padece quien se encuentra al filo de la muerte, a la que hay que sumar el temor por lo que ocurrirá esta noche.

Antes de que terminara de hablar, yo ya había tomado una decisión y me pareció que podía dirigirme a él de manera más sosegada.

—Váyase a dormir temprano, antes incluso del crepúsculo. El sueño le hará sentirse bien de nuevo, y le prometo que no habrá más pesadillas.

Meneó la cabeza, nada convencido, así que me quedé un tiempo más haciéndole compañía.

Cuando llegué a mi casa realice los preparativos para esa noche, habiendo decidido compartir la solitaria vigilia de Jacob Settle en su cottage del páramo. Calculé que si se iba a la cama antes del atardecer, se despertaría al filo de la medianoche, así que, cuando las campanas de la ciudad tocaban las once, me presenté ante su puerta llevando una bolsa donde guardaba mi cena, una petaca extra grande de licor, un par de velas y un libro. La luna alumbraba el páramo casi como si fuera de día, pero de vez en cuando unas nubes oscuras corrían por el cielo, causando una oscuridad que, en comparación, parecía asequible. Abrí con cuidado la puerta y pasé sin despertar a Jacob, que dormía con el pálido rostro dirigido hacia el techo. Estaba inmóvil y, una vez más, empapado en sudor. Traté de imaginar qué clase de imágenes corrían ante aquellos ojos cerrados que fueran capaces de provocar todo el dolor y la miseria estampadas en su cara, pero fracasé y me limité a aguardar a que despertara. Ocurrió esto de pronto, y de forma tal que me encogió el corazón, pues el ronco lamento que emitió de entre los pálidos labios de Jacob, cuando este se levantó a medias y seguidamente se dejó caer de nuevo sobre la cama, era la manifestación o conclusión innegable del hilo de pensamientos que lo había precedido.

«Si se trata de un sueño», medité, «debe de estar basado en un hecho real y terrible. ¿Cuál pudo ser aquel episodio desgraciado del que me habló?».

Mientras yo pensaba así, él se dio cuenta de mi presencia. Me pareció extraño que no pasara por ese momento de duda que experimenta quien acaba de despertarse y durante el que no termina de discernir si continúa o no dormido. Con una exclamación de alegría, tomó mi mano entre las suyas, húmedas y temblorosas, igual que un niño asustado se aferra a alguien a quien quiere. Traté de sosegarlo.

—Tranquilo, tranquilo. No ocurre nada. He venido para quedarme con usted esta noche, y juntos nos enfrentaremos a ese mal sueño.

Soltó rápido mi mano, se dejó caer en la cama y se tapó los ojos con las manos.

—¿Enfrentarnos a él? ¡Al sueño! ¡No, señor, no! No existe poder terrenal que pueda desafiar a ese sueño, pues proviene del mismísimo Dios, y está marcado a fuego aquí dentro —dijo golpeándose la frente, tras lo que prosiguió—: Es el mismo sueño, siempre, pero su poder para torturarme aumenta cada vez.

—¿Cómo es ese sueño? —pregunté, pensando que hablar de él podría traerle algún alivio, pero reculó, apartándose de mí.

Al cabo de una larga pausa dijo:

—No, es mejor que no hable de él. Puede que no vuelva a ocurrir.

Estaba claro que me escondía algo, algo que tenía que ver con el sueño.

—Muy bien —dije—. Espero que no vuelva a ocurrirle. Pero si lo sueña de nuevo, me lo contará, ¿de acuerdo? No se lo pido por simple curiosidad, sino porque creo que hablar puede aliviarlo.

Me contestó con lo que juzgué una solemnidad desproporcionada.

—Si vuelvo a soñarlo, se lo contaré.

Después intenté distraerlo llevándolo a temas más mundanos, así que preparé la cena y le hice compartirla conmigo, incluido el contenido de la petaca. Poco después ya se sentía más animado, encendí un cigarro, le ofrecí otro y fumamos durante una hora, hablando de multitud de cosas. Poco a poco el confort de su cuerpo se trasladó a su mente, y vi cómo el sueño apoyaba sus acariciadoras manos sobre sus párpados. También él notó el sopor y me dijo que ya se sentía bien y que yo podía irme con tranquilidad, pero le contesté que, para bien o para mal, tenía intención de permanecer con él hasta que saliera el sol. De modo que encendí la otra vela y me puse a leer, mientras él caía dormido.

Poco a poco, me concentré en el libro, tanto que me sobresalté cuando al final se me cayó de entre las manos. Jacob continuaba dormido y me alegró la expresión de insólita felicidad de su rostro, mientras que sus labios se movían pronunciando palabras ininteligibles. Retomé la lectura y un rato después volví a despertarme sobresaltado, pero en esta ocasión un estremecimiento me dejó helado hasta el tuétano cuando percibí la voz que llegaba de la cama.

—¡No con esas manos rojas! ¡Jamás! ¡Jamás!

Jacob seguía dormido. Se despertó, sin embargo, un momento después y no se sorprendió de verme; una vez más demostró una extraña indiferencia respecto a cuanto lo rodeaba.

—Sosiéguese —dije—. Cuénteme su sueño. Hable con libertad, consideraré sus palabras sagradas. Mientras ambos vivamos no diré nada a nadie de lo que usted decida confesarme.

—Dije que lo haría —dijo—, pero es mejor que antes le cuente algo anterior al sueño, para que pueda entenderlo. Cuando era yo muy joven, trabajaba como maestro. Ejercía en una escuela parroquial en un pueblecito del West Country. No es necesario dar nombres. Es mejor que no. Yo estaba comprometido con una muchacha a la que quería y casi reverenciaba. Fue la típica historia. Mientras esperábamos el momento en que pudiéramos permitimos vivir juntos, entró en liza otro hombre. Era casi tan joven como yo, y apuesto, y un caballero, con todo el repertorio de modales caballerescos que tan atractivos resultan a las mujeres de nuestra clase. Él iba de pesca y ella se reunía con él mientras yo estaba en la escuela. Intenté razonar con ella y le supliqué que dejara de verlo. Le ofrecí casarnos sin tardanza e irnos y empezar de cero en otro sitio, pero no quiso escucharme, estaba como embrujada. Decidí ocuparme personalmente del asunto y entrevistarme con aquel hombre para pedirle que se comportara debidamente con ella, pues creía yo que podía albergar intereses honrados; de ese modo no habría posibilidad de cotilleos. Fui en su busca, habiendo escogido un sitio donde nadie nos molestaría. Y así pues, nos encontramos.

Llegado a este punto, Jacob Settle y resopló en busca de aire, como si algo se le hubiera quedado atravesado en la garganta.

—Señor, tan seguro como que existe un Dios sobre nosotros —prosiguió—, mi corazón no guardaba ninguna intención egoísta aquel día. Yo amaba a mi preciosa Mabel demasiado como para contentarme con solo una parte de su amor, y había reflexionado sobre mi desgracia con suficiente frecuencia como para concluir que, decidiera ella lo que decidiera, no había esperanza para mí. Él se mostró descarado conmigo. Usted, señor, siendo un caballero, desconoce, quizás, lo hiriente que puede ser la insolencia de alguien de clase superior a la de uno. Pero lo aguanté. Le imploré que se comportara honestamente con la muchacha, porque lo que para él podía no ser más que un pasatiempo con el que ocupar un momento ocioso, a ella podía arruinarle la vida. Porque yo nunca había dudado del amor de ella, ni me había planteado que pudiera llegar a sufrir la peor de las desgracias; todo cuanto temía era el quebranto de su corazón. Pero cuando le pregunté cuándo planeaba casarse con ella, su risa me indignó en tal punto que perdí los nervios y le di por seguro que no me quedaría al margen, viendo cómo la vida de Mabel acababa destrozada. También él se enfureció, y llevado por la cólera dijo de ella cosas tan espantosas que juré que aquel hombre no viviría para martirizarla. Sabe Dios cómo ocurrió, porque en momentos de cólera cuesta discernir los pasos mediante los que se pasa de las palabras a los golpes, pero de pronto me vi plantado sobre su cadáver, con las manos escarlatas, empapadas de su sangre, que manaba a borbotones de la garganta abierta. No había nadie más allí y él era foráneo, no tenía ningún familiar que se interesara por su ausencia; los asesinatos no siempre se descubren, o no enseguida. Por lo que sé, sus huesos continúan blanqueándose en el remanso del río donde dejé el cuerpo. Su ausencia y los motivos de esta no llevaron a nadie a sospechar, excepto a Mabel, y ella no se atrevió a decir nada. Pero fue todo inútilmente, porque cuando volví al cabo de varios meses —me fue imposible quedarme allí— descubrí que la vergüenza la había alcanzado y que eso la había conducido a la muerte. Hasta entonces me había dado esperanzas pensar que mi atroz acción la había salvado, pero al enterarme que había actuado demasiado tarde, y que el pecado de aquel hombre había mancillado a mi pobre amada, hui, cargando con mi culpa inútil, más pesada de lo que creía que podía soportar. ¡Ah, señor! Usted, que no ha cometido un pecado parecido, no sabe lo que es vivir con algo así. Puede pensar que la costumbre lo hace más llevadero, pero no. El peso crece y crece a cada hora, hasta que se convierte en inaguantable, y junto con él crece el convencimiento de que el cielo te ha sido prohibido para siempre. No sabe usted lo que eso significa, y pido a Dios que jamás llegue a saberlo. Las personas normales, para las que todo es posible, no piensan en el cielo casi nunca, o nunca. Para ellas no es más que un nombre, nada más, y se contentan con aguardar y dejar que todo siga su curso, pero no sabe usted lo que significa para los condenados a no entrar jamás en él, no puede calcular ni concebir el deseo terrible e inacabable por ver abiertas las puertas y poder unirte a las blancas figuras que moran al otro lado.

»Y esto me trae a mi sueño. Era como si la entrada del cielo se presentara ante mí, con gigantescas puertas de acero macizo, provistas de barrotes del grosor de un mástil de barco, que se elevaban hasta las mismísimas nubes y tan juntos entre sí que por los espacios que dejaban apenas se entreveía una caverna de cristal sobre cuyas refulgentes paredes se recortaban numerosas figuras ataviadas de blanco y con rostros radiantes de dicha. Cuando llegué ante la puerta, mi corazón y mi alma estaban tan henchidos de éxtasis y anhelo que me olvidé de todo lo demás. Y ante las puertas había dos extraordinarios ángeles de batientes alas y, ¡oh!, rostro endurecido. Cada uno sostenía en una mano una espada flamígera y en la otra una aldaba que se corría o descorría bajo el más leve de sus toques. Más próximas había unas figuras envueltas en ropajes negros, de modo que nada excepto sus ojos quedaba a la vista, y tendían a cada recién llegado unos atuendos blancos parecidos a los que vestían los ángeles. Un suave murmullo informó de que todos debían ponerse aquellas ropas, y que estas habían de permanecer limpias, pues en otro caso los ángeles no permitirían el paso, sino que nos expulsarían persiguiéndonos con sus flameantes espadas. Yo estaba ansioso por ponerme las ropas que me habían sido entregadas, cosa que hice a toda prisa y me adelanté hacia las puertas; pero estas no se abrieron, y los ángeles, soltando las aldabas, señalaron mi ropa, y miré hacia abajo, y quedé aterrorizado al verla toda manchada de sangre. Mis manos estaban rojas, relucientes por la sangre que se derramaba de ellas como aquel día a la orilla del río. Y los ángeles alzaron las espadas flameantes para expulsarme, con lo que el horror alcanzó su climax... y me desperté. Una vez y otra y otra, vuelvo a tener ese terrible sueño. Nunca aprendo de la experiencia, nunca recuerdo nada, sino que al principio la esperanza se presenta siempre renovada, para hacer más espantoso el final; y sé que el sueño no proviene de la común oscuridad donde moran los sueños, ¡sino que es un castigo que me envía el Cielo! Jamás, jamás podré cruzar las puertas. Mis manos ensangrentadas siempre mancharán mis ropajes angélicos».

Yo escuchaba hipnotizado las palabras de Jacob Settle. Había algo tan ajeno en su tono, algo tan onírico y místico en sus ojos, que miraban más allá de mí, como fijados en un espíritu invisible, algo tan elevado en su relatado y en marcado contraste con sus ajadas ropas de trabajo y su humilde casa, que me pregunté si yo mismo no lo estaría soñando todo.

Guardamos silencio largo rato. Yo miraba a aquel hombre con tanta sorpresa que no cesaba de crecer. Pronunciada su confesión, su alma, hasta entonces doblegada, había vuelto a ponerse en pie haciendo gala de fortaleza. Creo que debería haberme sentido horrorizado ante su relato, pero, por extraño que fuera, no era así. Sin duda, no es agradable ser el destinatario de las confidencias de un asesino, pero aquel pobre hombre no solo había actuado en respuesta a un desafío sino que la sangrienta acción había tenido una causa tan abnegada que no me sentí inclinado a juzgarlo. Mi único propósito era consolarlo, así que me dirigí a él con cuanta tranquilidad pude, pues el corazón me latía acelerado y con fuerza.

—No desespere, Jacob Settle. Dios es bondadoso y grande es Su misericordia. Continúe adelante con su vida y su trabajo, manteniendo la esperanza de que algún día sentirá expiado el pasado. —Hice un alto al comprobar que un sueño, esta vez pesado y natural, iba haciendo presa de él—. Vaya a dormir —dije—. Yo lo velaré y esta noche no tendremos más malos sueños.

Hizo un visible esfuerzo para sosegarse y dijo:

—No sé cómo agradecerle la bondad que me ha dedicado esta noche, pero creo que es mejor que marcha. Trataré de dormir; después de contárselo todo siento que me he quitado un peso de encima. Si algo permanece del hombre que una vez fui, debo continuar luchando y plantar cara a la vida yo solo.

—Me iré, como desea —dije—, pero guarde mi consejo y no viva de manera tan aislada. Busque la compañía de hombres y mujeres, viva entre ellos. Comparta sus alegrías y sus penas; le ayudará a olvidar. Esta soledad solo le hará enloquecer a fuerza de melancolía.

—Así lo haré —dijo, consciente a medias de ello, pues ya estaba cayendo dormido.

Bajo su mirada, me preparé para irme. Ya había levantado la aldaba cando la solté, regresé junto a la cama y le tendí la mano. Él se irguió hasta quedar sentado y me la aferró entre las suyas, y yo le deseé buenas noches y añadí, tratando de animarlo:

—¡Ánimo, hombre! Tiene usted un trabajo que hacer, Jacob Settle. ¡Puede usted vestir esas ropas blancas y cruzar las puertas de acero!

Seguidamente me marché.

Una semana más tarde encontré su cottage desierto, y cuando pregunté en su trabajo me dijeron que se había ido al norte, nadie sabía exactamente adónde.

Dos años después, pasé unos días visitando a mi amigo, el doctor Munro, en Glasgow. Era un hombre muy atareado y no podía dedicarme mucho tiempo, así que yo pasaba los días haciendo excursiones a los Trossachs, al Loch Katrine y al Clyde. El penúltimo día de mi estancia, regresé a casa más tarde de lo previsto pero me encontré con que mi anfitrión no había llegado todavía. La doncella me informó de que habían mandado recado del hospital para que fuera: un accidente en la explotación de gas, y de que la cena se había pospuesto una hora; así que, diciéndole que iría dando un paseo a buscar a su señor y después regresaríamos juntos, salí a la calle. En el hospital lo encontré lavándose las manos antes de regresar a casa. Por curiosidad, le pregunté qué había ocurrido.

—Lo de siempre. Una cuerda podrida y vidas que no importan. Dos hombres estaban trabajando en un gasómetro cuando la cuerda que sujetaba su barquilla se rompió. Debió de acontecer justo antes de la hora de la cena porque nadie se dio cuenta de su ausencia hasta que regresaron los trabajadores. En el fondo del gasómetro había siete pies de agua, así que esos desventurados tuvieron que pelear para mantenerse a flote. Sin embargo uno ha sobrevivido, aunque apenas, porque hemos tenido que dar lo mejor de nosotros para que continué con vida. Por lo visto se la debe a su compañero. Jamás he visto mayor heroísmo. Nadaron mientras les duraron las fuerzas, pero al final estaban tan agotados que ni siquiera ver luces arriba y a los hombres que se descolgaban en su rescate les trasmitió energía. Pero uno de ellos se puso en pie en el fondo y sostuvo a su compañero sobre la cabeza, y esos pocos segundos supusieron la diferencia entre la vida y la muerte. Cuando los sacaron no ofrecieron una imagen grata de ver. Allá abajo el agua es como tinte púrpura debido al gas y la brea. El que estuvo encima parecía bañado en sangre.

—¿Y el otro?

—Todavía peor. Pero debió de poseer una honorable naturaleza. Su lucha bajo el agua tuvo que ser espantosa; se aprecia por el modo como la sangre huyó de sus extremidades. Verlo te hace creer en la idea de los estigmas. Se diría que una resolución tal es capaz de abrir las mismísimas puertas del cielo. Mire, amigo mío, aunque no es algo agradable de ver, sobre todo antes de la cena, pero usted es escritor y este un caso singular. He aquí algo que no querrá perderse, pues hay pocas probabilidades de que pueda encontrarse con algo semejante en el futuro.

Mientras hablábamos me había conducido a la morgue del hospital. Sobre unas andas yacía un cadáver apretadamente envuelto en una sábana blanca.

—Parece una crisálida, ¿cierto? Si hay algo de verdad en el antiguo mito de que un alma es como una mariposa…, bueno, pues entonces la que salió de esta crisálida tuvo que ser un espécimen extraordinario, que atrajo toda la luz del sol en sus alas. Fíjese.

Descubrió la cara. Era horrible, sin duda; como si la hubieran bañado en sangre. Pero reconocí enseguida a Jacob Settle. Mi amigo bajó más la mortaja.

Las manos reposaban cruzadas sobre el pecho púrpura como si un alma bondadosa así las hubiera colocado reverencialmente. Al verlas, el corazón me dio un vuelco de alegría, al propio tiempo que recordé su angustioso sueño. No había mácula alguna en aquellas humildes y valientes manos, ahora tan pálidas como la nieve.

Y descubrí que el mal sueño había llegado a su fin. Aquella noble alma se había ganado su paso a través de las puertas. Las manos no habían dejado mancha alguna en las ropas al vestirlas.

Las arenas de Crooken

El señor Arthur Fernlee Markam, que alquiló la que se denominaba como la Casa Roja en el pueblo de Mains of Crooken, era un comerciante de Londres y, siendo básicamente cockney, consideró necesario antes de pasar las vacaciones de verano en Escocia, proveerse de un atuendo completo de cacique de las Highlands, como los que se presentaban en las cromolitografías y en los teatros de variedades. Una vez había presenciado en el Empire al Gran Príncipe —en una representación de El rey granuja— provocar un gran aplauso del público al aparecer vestido como el «MacSlogan de su pueblo» y cantar la pegadiza canción escocesa «There's neathing like haggis to mak a mon dry!», y se le había quedado grabado su aspecto pintoresco a la vez que guerrero. De hecho, si las auténticas expectativas del señor Markam a la hora de elegir Aberdeenshire como destino veraniego se hicieran públicas, descubriríamos que, en su mente, tras el paisaje del pueblecito de vacaciones se vislumbraba la atractiva figura de MacSlogan de su pueblo. Así pues, la suerte lo llevó a elegir Crooken Bay, al menos, por su belleza exterior. Se trata de un rincón precioso, entre Aberdeen y Peterhead, al pie del cabo rocoso donde los alargados y peligrosos arrecifes conocidos como Los Espolones penetran en el Mar del Norte. Entre ese lugar y Mains of Crooken —un pueblo bajo el abrigo de los acantilados emplazados al norte— se abre una pequeña bahía, abrazada por un cerco de dunas habitadas por miles de conejos. En cada extremo de la bahía se levanta un promontorio rocoso, y cuando el amanecer o el ocaso iluminan las rocas de siena rojiza el efecto es mágico. El fondo de la bahía es de arena llana y el mar retrocede hasta gran distancia con la marea baja, descubriendo una tersa planicie de arena dura, poblada de las estacas a las que fijan sus redes y nasas los pescadores de salmón. En una punta de la bahía existe un pequeño grupo o afloramiento de rocas cuyas cúspides asoman sobre la superficie en la marea alta, excepto cuando hace mal tiempo y permanecen cubiertas por las olas. Con la marea baja quedan expuestas por completo, hasta el lugar donde emergen del lecho de la bahía, y he ahí, quizás, el único punto del litoral oriental donde la arena se vuelve peligrosa. Entre las rocas, separadas entre sí unos cincuenta pies, existe una pequeña franja de arenas movedizas, que, como ocurre en Goodwins, únicamente es de temer cuando la marea está en alza. Se prolonga por un lado hasta desaparecer mar adentro y por otro hasta la arena firme de la playa. En la ladera de la colina a continuación de las dunas, a mitad de camino entre Los Espolones y el puerto de Crooken, se encuentra la Casa Roja. Se levanta en el centro de un sotillo de abetos que le prestan abrigo por tres de sus costados, dejando libre la fachada, que mira al mar. Un jardincillo bien atendido y de estilo antiguo llega hasta la carretera, al otro lado de la cual se inicia un camino herboso, apto para vehículos ligeros, que lleva hasta la costa dibujando eses entre las dunas.

Cuando la familia Markam llegó a la Casa Roja al cabo de treinta y seis horas de balanceo a bordo del Vapor de Aberdeen Ban Righ, procedente de Blackwall, con el consecuente tramo en tren hasta Yellon y las últimas doce millas en carruaje, todos coincidieron en que nunca habían visto lugar más bonito. Su opinión favorable resulta más valiosa si se tiene en cuenta que en aquel instante nadie de la familia, por diversos motivos, veía con buenos ojos nada situado al otro lado de la frontera escocesa. A pesar de que la familia era numerosa, la prosperidad de su negocio les había permitido toda clase de lujos, entre los que se incluía una amplia libertad a la hora de vestirse. La frecuencia con que las muchachas Markam renovaban sus vestidos era motivo de envidia para sus amistades a la vez que de alegría para ellas.

Arthur Fernlee Markam no se había fiado de su familia a la hora de escoger su nuevo traje. No estaba seguro de no hacer el ridículo, o al menos de no ser objeto de las risas, y siendo sensible a ese respecto creyó mejor esperar hasta encontrarse en el entorno propicio antes de sorprenderlos con toda la brillantez de sus ropas. Se había tomado muchas molestias para asegurarse de que su traje de las Highlands tuviese todo lo indispensable. Con tal fin efectuó muchas visitas a The Scotch All-Wool Tartan Clothing Mart, negocio recientemente abierto en Copthall-court por los señores MacCallum More y Roderick MacDhu. Realizó agudas preguntas al presidente de la firma, MacCallum, como prefería que lo llamaran, no gustándole añadidos tales como «señor» o «don». El catálogo normal de hebillas, botones, correas, broches y ornamentos de todo tipo fue examinado con interés y ojo crítico, hasta que por último dieron con una pluma de águila de dimensiones lo suficientemente majestuosas y el equipamiento quedó acabado. Solo cuando Markam vio todo el traje, en el que los vivos colores del tartán*

* *Tartán*: Tela de lana originaria de Escocia.

parecían sobrios en comparación con la multitud de accesorios de plata, los broches de cuarzo ahumado, la falda, la daga y la escarapela, quedó plena y absolutamente satisfecho con su elección. Había pensado en un primer instante en el tartán de los Royal Stuart, pero renunció a la idea cuando MacCallum le señaló que si se acercaba a los alrededores de Balmoral podría acarrearle complicaciones. MacCallum, quien, por cierto, hablaba con llamativo acento cockney, le mostró otras telas escocesas, pero una vez planteada la cuestión de lo acertado o no del estampado, el señor Markam previo dificultades si tenía la mala suerte de ir a parar a la región del clan cuyos colores hubiera usurpado. MacCallum planeó diseñar, a expensas de Markam, un estampado exclusivo que no coincidiera del todo con el de ningún tartán existente, si bien cogería características de varios. El nuevo tartán se basó en el de los Royal Stuart, pero contenía guiños a la sencillez de diseño de los clanes Macalister y Ogilvie, y a la neutralidad de colorido de los clanes Buchanan, Macbeth, Chief of Macintosh y Macleod. Cuando enseñaron una muestra del tejido a Markam, este temió que para su familia resultara demasiado chillón, pero al comprobar el entusiasmo de Roderick MacDhu ante la hermosura de la tela, no puso peros a que se usara para completar su vestimenta. Opinó, y sabiamente además, que si a un escocés genuino como MacDhu le gustaba, debía estar bien; sobre todo si el socio más joven era de su misma altura y constitución. Cuando MacCallum recibió su cheque —que, en verdad, fue por una cantidad muy crecida—, manifestó:

—Me he tomado la libertad de tejer algo más de esta tela, por si usted o algún amigo suyo la quiere.

Markam, satisfecho, contestó que le haría muy feliz que aquel hermoso tejido concebido entre los dos se extendiera entre la gente, como estaba seguro de que acabaría ocurriendo. El sastre podía confeccionar y vender todo el que deseara.

Markam se probó el traje una tarde en su oficina, cuando todos los secretarios ya se habían marchado. El resultado le gustó, aunque también le asustó un poco. MacCallum había hecho bien su trabajo, y no faltaba nada que contribuyera a la dignidad marcial de quien vistiera aquellas ropas.

«El espadón y las pistolas no los llevaré cotidianamente, desde luego», se dijo Markam mientras se desvestía. Decidió que se pondría el traje por primera vez para desembarcar en Escocia; así pues, la mañana en que el Ban Righ divisó el faro de Girdle Ness, aguardando que subiera la marea para poder entrar en el puerto de Aberdeen, salió de su camarote luciendo todo el colorido esplendor de su nuevo traje. El primer comentario que escuchó provino de uno de sus propios hijos, que de entrada no lo reconoció.

—¡Ahí tenemos a alguien importante! ¡Un gran escocés! ¡Por Dios, pero si es el viejo!

Y el niño salió corriendo y escondió la cara en un cojín del salón para ocultar las risas. Markam era un buen marinero y no había padecido los vaivenes del barco, así que su rostro, ya de natural rubicundo, se mostró todavía más rosado con el rubor que subió a sus mejillas al verse convertido en blanco de todas las miradas. Lamentó haberse precipitado, pues se dio cuenta, por el frío que sentía, que su alegre gorra Glengarry dejaba descubierta una amplia zona de su cabeza. Sin embargo, se enfrentó con valentía al grupo de desconocidos. No pareció enfadado ni tan solo al oír algunos de los comentarios.

—Mirándolo alucinas —manifestó un cockney con un traje de llamativa tela escocesa.

—¡Hay que ser tonto! —dijo un yanqui alto y delgado, pálido por el mareo, que deseaba instalarse por un tiempo todo lo cerca que pudiera de las puertas de Balmoral.

—¡Qué gran acierto! ¡Llenemos las copas de ponche; la ocasión bien lo merece! —exclamó un joven oxoniense de camino a Inverness.

Como colofón, el señor Markam oyó a su hija mayor.

—¿Dónde está? ¿Dónde está? —preguntaba mientras se aproximaba corriendo por la cubierta, con el sombrero volando tras ella.

La joven daba muestras de inquietud, después de que su madre le informara del aspecto del padre; pero cuando lo vio rompió sin quererlo en unas risas tan violentas que terminaron llevándola a un ataque de histerismo. Algo semejante les sucedió a los demás hermanos. Después de que todos tuvieran oportunidad de verlo, el señor Markam se retiró a su camarote y envió a la doncella de su esposa a decir a los miembros de su familia que deseaba verlos ya. Acudieron todos, escondiendo lo que pensaban lo mejor que podían.

—Queridos míos —dijo él con toda la tranquilidad del mundo—, ¿no os concedo todos vuestros caprichos?

—Sí, padre —respondieron muy serios—. No se podría ser más generoso.

—¿No os permito vestiros como os venga en gana?

—Sí, padre —contestaron obedientes.

—En ese caso, queridos míos, ¿no pensáis que sería más agradable y educado por vuestra parte no hacerme sentir incómodo, aunque yo decida vestir de una forma que os puede parecer ridícula, pese a ser de lo más normal en el país al que nos dirigimos?

No hubo más respuesta que la que dejaban de manifiesto sus cabezas mirando el suelo. Era un buen padre y lo sabían. Satisfecho, Markam continuó:

—Ahora id a divertiros. No volveremos a hablar de ello.

Él regresó a la cubierta y plantó cara con valentía a las burlas, que no pudo dejar de sentir, a pesar de que nada más se dijo al alcance de sus oídos.

El asombro y las chanzas que su atavío ocasionaron en el Ban High no fueron nada, sin embargo, comparados con lo que se suscitaron en Aberdeen. Los niños, los gandules y las mujeres cargadas con bebés que esperaban en el muelle siguieron en masa a los Markam hasta la estación; hasta los mozos de cuerda, con sus arreos anticuados y sus modernas carretillas, que aguardaban a los viajeros al pie de la pasarela de desembarco, los siguieron encandilados. Por suerte el tren a Peterhead estaba a punto de partir, así que el martirio no se prolongó mucho. En el vagón, el glorioso traje de las Highlands quedaba oculto a las miradas, y como en la estación de Yellon había poca gente allí todo marchó bien. Sin embargo, cuando el carruaje se acercaba a Mains of Crooken y los pescadores salieron corriendo a las puertas de sus casas a ver quién era el pasajero, la excitación fue el no va más. Los niños agitaron sus gorras y echaron a correr tras el carruaje; los hombres dejaron abandonados los cebos y las redes y marcharon tras ellos; y lo mismo hicieron las mujeres, después de echarse en brazos a los bebés. Los caballos estaban cansados después del largo viaje hasta Yellon y el trayecto de regreso, y la colina era empinada, así que la multitud dispuso de todo el tiempo del mundo para reunirse e incluso adelantar a la familia.

A la señora Markam y a sus hijas mayores les habría gustado protestar o hacer algo en pro de aliviar su mortificación por la burla que veían en las caras que las rodeaban, pero el falso Highlander lucía una expresión de tan inamovible resolución que las detenía un poco, así que no abrieron la boca. Parecía como si la pluma de águila, pese a erguirse sobre la calva, como si el broche de cuarzo ahumado, pese a brillar sobre el hombro rechoncho, y el espadón, la daga y las pistolas, pese a colgar de la amplia panza y asomar de la media de lana que abrigaba una pantorrilla gordezuela, desplegaran todo su poder como símbolos de marcialidad y terror. Cuando el grupo llegó a la entrada de la Casa Roja, lo esperaba allí una multitud de vecinos de Crooken, con la cabeza descubierta y en respetuoso silencio; el resto del pueblo trepaba valiente la colina. Solo un sonido rompió el silencio, una grave voz masculina que exclamó:

—¡Vaya! ¡Nada más falta la gaita!

Los criados habían llegado con varios días de antelación y todo se encontraba preparado. La perspectiva de una buena comida después del largo y desagradable viaje hizo que toda la vergüenza consecuencia del detestable traje quedara olvidada.

Por la tarde Markam, todavía con su atuendo al completo, salió a pasear por Mains of Crooken. Fue él solo porque, por extraño que parezca, su mujer y sus dos hijas estaban mareadas por el viaje y, según se excusaron, habían tenido que acostarse un rato para reponerse. Su hijo mayor, que aseguraba tener edad suficiente, había ido a descubrir los alrededores por su cuenta, y a uno de los pequeños no hubo manera de dar con él. El otro, después de que le dijeran que su padre lo buscaba para salir a dar un paseo, se las había ingeniado para caer —por accidente, claro está— en el tonel de agua, y hubo que secarlo y volver a vestirlo; encontrándose toda su ropa en las maletas, y estas todavía sin deshacer, resultaba imposible que estuviera listo a tiempo.

El señor Markam no terminó de disfrutar del paseo. No tuvo ocasión de conocer a ningún vecino. No fue porque no hubiera nadie por allí, puesto que cada casa y cottage parecían llenos, sino que la gente se mantenía a considerable distancia por detrás de él, escondida en los portales, o por delante, en el camino, sin dejarle alcanzarla. Cuando pasaba ante las casas los veía asomar los ojos tras el marco de ventanas y puertas. Su único encuentro nada tuvo de agradable. Lo mantuvo con un viejo de aspecto extraño, al que rara vez se le oía decir palabra, excepto para decir «amén» en el templo. Su única tarea parecía ser la de aguardar ante la ventana de la oficina de correos desde las ocho de la mañana hasta la una, cuando llegaban las sacas de correspondencia, tras lo que se llevaba la destinada al cercano castillo del barón. El resto del día la pasaba en un banco en un rincón ventoso del puerto, donde se arrojaban los menudillos del pescado, los cebos defectuosos y la basura de las casas, y donde los patos acostumbraban a montar un griterío continuo.

Cuando Saft Tammie lo vio acercarse alzó la vista, que habitualmente mantenía fija en la nada, más allá de la carretera que pasaba frente a su banco. Se puso en pie de un brinco y alzó la mano en gesto de reprimenda, diciendo:

—«Vanidad de vanidades, dijo el pastor. Todo es vanidad». ¡Date por advertido! «Mira los lirios del campo, no hilan ni tejen su atuendo, pero ni Salomón, en toda su gloria, vestía como ellos». ¡Escucha! ¡Escucha bien! Tu vanidad es como la de las arenas movedizas que se tragan todo cuanto se pone a su alcance. ¡Cuídate de la vanidad! ¡Cuídate de las arenas movedizas, que abren sus fauces para ti y que te acabarán tragando! ¡Ten atención! ¡Aprende de tu vanidad! Encuéntrate contigo mismo, cara a cara, y descubrirás el infernal poder de tu vanidad. ¡Descúbrelo, conócelo y arrepiéntete antes de que las arenas movedizas te traguen!

Seguidamente calló y volvió a sentarse en su banco, tan quieto e inexpresivo como antes.

Markam no pudo evitar sentirse molesto por la imperfección. Si hubiera provenido de un enajenado, no le habría dado importancia, teniéndola nada más que como una muestra del excéntrico humor escocés o simple descortesía, pero la seriedad del mensaje —porque eso era precisamente lo que parecía— hacía imposible esa lectura. Sin embargo, estaba decidido a no creer que estaba haciendo el ridículo, y aunque en el tiempo que llevaba en Escocia todavía no había visto nada que ni siquiera se pareciera a un kilt, decidió seguir usando su traje de las Highlands. Después de menos de media hora, regresó a casa, se encontró con que, a pesar de los mareos, todos los miembros de su familia habían salido a pasear. Aprovechando su ausencia, se encerró en el vestidor, se cambió el traje de las Highlands por otro de franela, fumó un cigarro y echó una cabezada. Le despertó el ruido de su familia al regresar; se vistió de nuevo el traje escocés y se presentó en el salón para tomar el té.

Por la tarde no volvió a salir, pero después de cenar se puso otra vez el traje folklórico —naturalmente, se había vestido para la cena, como uno normal— y fue a dar un paseo él solo hasta la costa. Para entonces había llegado a la conclusión de que tendría que acostumbrarse paulatinamente al traje de las Highlands antes de convertirlo en su vestimenta cotidiana. Había luna, así que pudo seguir sin dificultad el sendero entre las dunas, y poco después alcanzó el litoral. La marea estaba baja y la arena de la playa tan firme como los acantilados; siguió hacia el sur hasta casi alcanzar el extremo de la bahía. Allí llamaron su atención dos rocas aisladas, a poca distancia del borde de las dunas, y se dirigió hacia ellas. Cuando alcanzó la más cercana, trepó a ella, y, sentado allí, a quince o veinte pies por encima de la planicie arenosa, admiró la vista, encantadora y pacífica. La luna asomaba tras el cabo de Pennyfold y su luz comenzaba a iluminar el vértice más alejado de Los Espolones, a unos tres cuartos de milla; las demás rocas estaban sumidas en sombras. A medida que la luna se elevó sobre el cabo, primero Los Espolones y después la playa quedaron iluminados.

El señor Markam pasó un buen rato sentado, contemplando el ascenso de la luna y la creciente área iluminada. Después se volvió hacia el este y apoyó la barbilla en la mano, con la mirada dirigida al mar; se recreó en la tranquilidad, la hermosura y la libertad que el escenario le ofrecía. El estruendo de Londres —la lobreguez, la pelea constante y la fatiga propias de la vida londinense— parecían haber quedado atrás; disfrutaba ahora de una vida superior, más libre. Observó el agua brillante a medida que esta progresaba por la llanura arenosa, acercándose poco a poco, de modo casi imperceptible: la marea había iniciado su subida. Poco después le llegó un grito procedente de la lejana de la playa.

«Son los pescadores, llamándose entre ellos», pensó mirando entorno. Una nube corrió entonces por delante de la luna y Markam sufrió un gran susto, porque, a pesar de la súbita oscuridad que lo llenó todo, se vio a sí mismo. Por un instante, en la cumbre de la roca de enfrente, vio la nuca de su cabeza calva y la gorra Glengarry con la gran pluma de águila. Tropezó y acabó por resbalar, se deslizó hacia la franja de arena entre las dos rocas. No se puso nervioso, pues hasta la arena solo había una caída de unos pocos pies, y su cabeza continuaba ocupada con aquel reflejo o simulacro de sí mismo, que ya había desaparecido. Se frenó y, pensando que era el modo más rápido de alcanzar terra firma, se dispuso a salvar de un salto la distancia que quedaba hasta el suelo. Todo lo anterior ocurrió en menos de un segundo, pero el cerebro trabaja rápido, y cuando se preparaba para saltar vio que la marmórea superficie de arena se agitaba y se movía de un modo raro. Le embargó un miedo súbito; le fallaron las rodillas y en lugar de saltar resbaló dramáticamente roca abajo, despellejándose las piernas desnudas. Sus pies tocaron la arena, que se hundió como si fuera agua, y antes de darse cuenta de que había caído en arenas movedizas ya había cedido hasta las rodillas. Desesperado, se aferró a la roca para evitar continuar hundiéndose; por suerte, había un saliente o borde al que consiguió agarrarse. Se colgó de él, angustiado. Trató de gritar pero le faltaba aliento, y solo al cabo de grandes esfuerzos pudo hacer oír su voz. Gritó una vez más y fue como si el sonido de su voz le diera fortaleza, porque resistió agarrado a la roca más tiempo del que creía posible, pese a la ayuda de la desesperación ciega. Comenzaba, sin embargo, a sentir que sus fuerzas fallaban cuando, ¡gracias a Dios!, uno de sus gritos fue contestado por una voz ronca que provenía de encima de él.

—¡Gracias a Dios, no llego tarde! —Un pescador con botas altas apareció rápido sobre la roca. Le bastó un segundo para darse cuenta de la gravedad de la situación y gritando—: ¡Cójase fuerte, amigo! ¡Ya llego! —Se deslizó con cuidado en busca de un punto donde apoyar los pies. Aguantándose en la roca con una fuerte mano, se inclinó, atrapó la muñeca de Markam y gritó—: ¡Agárrese a mí, amigo! ¡Agárrese con las dos manos!

Ayudándose de su propio peso, tiró con fuerza y perseverancia hasta extraerlo de las voraces fauces de las arenas movedizas y dejarlo a salvo sobre la roca. Sin concederle un instante para recuperar el aliento, a fuerza de tirones y empujones lo sacó de la roca y, sin despegarse de él ni un instante, lo llevó hasta la playa, donde depositó a un Markam todavía temblando por la peligrosa situación. Rompió entonces a hablar.

—¡Amigo! He llegado por los pelos. Si no llego a estar atento a insensatos como usted y echar a correr nada más verlo, ya se habría hundido hasta el interior de la tierra para quedarse allí. Wully Beagrie pensaba que era usted un fantasma, y ¡Tom MacPhail aseguraba que un duende de cuento! «¡No!» dije yo. «Solo es ese mentecato inglés, el loco escapado del museo de cera». Pensé que siendo usted extranjero y mentecato, si no estúpido del todo, no sabría lo peligrosas que son las arenas movedizas. Grité para advertirle y eché a correr para sacarlo de allí, era necesario. Pero gracias a Dios, sea usted un mentecato o alguien al que el orgullo le ha comido el seso, llegué a tiempo —dijo, y terminó alzándose el sombrero en gesto caballeroso.

El señor Markam estaba de lo más afectado y agradecido tras escapar de una muerte espantosa, pero la acusación de orgullo de la que una vez más era objeto le hizo olvidar su humildad. A punto estaba de responder furioso, cuando lo embargó un gran temor, al recordar las palabras de advertencia del cartero medio trastornado: «Encuéntrate contigo mismo, cara a cara, y arrepiéntete antes de que las arenas movedizas te engullan».

Tuvo presente la imagen de sí mismo, visión a la que había seguido el casi mortal episodio en las arenas movedizas. Calló durante todo un minuto, después dijo:

—Amigo mío, le debo la vida.

El robusto pescador respondió con una inclinación de cabeza.

—¡Nada, nada! Se la debe a Dios. Yo estoy contento con haber sido el humilde instrumento de Su misericordia.

—Pero me permitirá usted que se lo agradezca —manifestó el señor Markam, tomando las manazas de su salvador entre las suyas y apretándolas con fuerza—. Mi corazón todavía no se ha recuperado del todo y los nervios no me permiten hablar mucho, pero, créame, ¡le estoy muy muy agradecido!

Estaba claro que el pobre hombre se sentía de verdad emocionado; por las mejillas surcaban copiosamente las lágrimas.

—Sí, señor —dijo el pescador, con amabilidad ruda pero sincera—, deme las gracias si lo desea, si eso le hace sentir mejor. Si me hubiera pasado a mí, también estaría agradecido. Pero, señor, a mí no tiene que darme las gracias. He cumplido en mi obligación.

Que Arthur Fernlee Markam estaba agradecido y era generoso quedó demostrado más tarde. Una semana más tarde llegó a Port Crooken la mejor barca de pesca que se hubiera visto jamás en Peterhead. Estaba totalmente equipada con velas y pertrechos de toda clase, además de contar con redes de primera. El capitán y la tripulación se marcharon, desupués hacer entrega a la mujer del pescador de salmones de la documentación que lo convertía en propietario de la lancha.

Mientras el señor Markam y el pescador caminaban por la costa, aquel pidió a su acompañante que no contara a nadie que había estado cerca de la muerte, ya que eso espantaría a su querida esposa y a sus hijos. Añadió que él mismo se ocuparía de advertirlos de las arenas movedizas, circunstancia por la que realizó preguntas al pescador hasta obtener toda la información posible al respecto. Antes de despedirse, preguntó a su acompañante si, cuando corría en su auxilio, había llegado a descubrir a una segunda persona, vestida igual que él, encima de la otra roca.

—¡No, no! —respondió el pescador—. No hay otro mentecato semejante por estos lugares. Ni ha existido desde los tiempos de Jamie Fleeman, quien fue bufón del señor de Udny. ¡Vamos, hombre! Vestimenta como la suya no se ha visto en estas tierras desde que tengo yo memoria. Y creo que esos trajes jamás fueron para sentarse en la piedra desnuda, como hizo usted. ¡Pero, hombre! ¿No le dan miedo el reumatismo y la lumbalgia, que se sienta usted en la piedra fría con las carnes al desnudo? ¡Cuando lo vi esta mañana en el puerto, ya pensé que era usted un chalado, pero hay que ser mentecato o un idiota total para ir así vestido a la playa!

El señor Markam no se incomodó en discutirlo, y como estaban tan cerca de su casa invitó al pescador a tomar una copa de whisky, que este aceptó, tras lo que se despidieron. Tuvo buen cuidado de advertir a toda su familia sobre las arenas movedizas, explicándoles que él mismo se había visto en apuros.

No durmió en toda la noche. Una tras otra, escuchó tocar las horas, pero no encontraba forma de conciliar el sueño. Revivía una y otra vez el espantoso episodio de las arenas movedizas, que había empezado por el momento en que Saft Tammie había roto su cotidiano silencio para predicar sobre el pecado de la vanidad y advertirlo al respecto. No cesaba de formularse la misma pregunta: «¿Soy tan engreído como para que se me considere un mentecato?», y la respuesta se presentaba cada vez con las palabras del profeta alienado: «"¡Vanidad de vanidades! Todo es vanidad". Encuéntrate contigo mismo, cara a cara, y arrepiéntete antes de que las arenas movedizas te engullan». El lúgubre convencimiento de que terminaría pereciendo en aquellas mismas arenas movedizas cobró forma en su mente, pues ya se había encontrado consigo mismo, cara a cara.

Con el claroscuro del amanecer comenzó a dar vueltas, pero quedó claro que las verdaderas eran las que atañían la cuestión en sueños, pues su mujer lo despertó diciéndole:

—¡Duerme en silencio! Ese dichoso traje de las Highlands te ha comido el seso. No hables en sueños, si es que puedes evitarlo.

Él tuvo una sensación agradable, como si le hubieran librado de un peso terrible, pero desconocía cuál y por qué razón. Preguntó a su mujer qué era lo que decía en sueños.

—Lo has repetido muchas veces —contestó—, bien lo sabe Dios, como para que se me olvide. «¡Cara a cara no! ¡Vi la pluma de águila sobre la calva! ¡Hay esperanza todavía! ¡Cara a cara no!». ¡Duérmete! ¡Ya!

Y pudo entonces dormir, sabiendo que la profecía del loco todavía no se había cumplido. A pesar de todo lo ocurrido, no se había encontrado consigo mismo cara a cara.

Lo despertó temprano una doncella que entró a anunciarle que en la puerta había un pescador que deseaba hablar con él. Se vistió todo lo rápido que pudo —todavía no tenía práctica con el traje de las Highlands— y se dio prisa en bajar, no queriendo hacer esperar al pescador de salmones. Quedó perplejo, y para nada satisfecho, cuando se encontró con que el visitante no era otro que Saft Tammie, que abrió fuego de inmediato.

—Tenía que ir a buscar el correo, pero he pensado dedicarle un tiempo a usted, y venirme para acá para ver si continúa siendo el mismo loco vanidoso de la otra noche. Y veo que no ha asimilado la lección. ¡Se acerca la hora! ¡No lo dude! Pero por las mañanas yo tengo todo el tiempo del mundo, así que andaré vigilando, hasta contemplar cómo se mete por su propio pie en las arenas movedizas, y de ahí directo al infierno. Estoy libre hasta la hora de repartir la correspondencia.

Y tras esta admonición marchó, dejando al señor Markam fuera de quicio, pues las doncellas, que lo habían oído todo, intentaban sin conseguirlo ocultar sus risitas. Había decidido que ese día se pondría ropa ordinaria, pero la visita de Saft Tammie le hizo cambiar de idea. Les demostraría a todos que no era un débil, y se atendría a su plan inicial de vestir el traje de las Highlands, pasara lo que pasara. Cuando bajó a desayunar llevando la panoplia marcial al completo, todos sus hijos miraron al suelo y su nuca enrojeció. Sin embargo, ninguno llegó a reírse —salvo Titus, el más pequeño, que le vino un ataque de risa histérica hasta casi la asfixia, y por el que se ganó que lo enviaran de inmediato a su cuarto— no tuvo ocasión de reprobarlos, sino que cascó su huevo pasado por agua con acritud. Fue culpa de la mala suerte que cuando su mujer le tendía una taza de té, uno de los botones de la manga del traje se enganchara en un lazo de su bata, con el resultado de que el té caliente terminó vertido sobre las piernas desnudas del señor Markam. De forma no del todo carente de lógica, hizo uso de su espadón, mientras su esposa, molesta, le decía:

—Arthur, si te empecinas en hacer el imbécil con ese traje ridículo, ¿qué esperas que ocurra? No estás acostumbrado a llevarlo, ¡y no lo estarás jamás!

Markam se dispuso a contestar molesto pero no pasó de decir: «¡Señora mía!», pues ahora que habían abordado el tema, la señora Markam estaba resuelta a soltar todo lo que tenía que decir. Y lo que tenía que decir no resultó placentero, y, siendo sinceros, tampoco fue dicho de manera agradable. Los modales de una esposa excepcionalmente son amables cuando se decide decir a su marido unas cuantas «verdades». El resultado fue que Arthur Fernlee Markam tomó la decisión, en aquel mismo instante y de manera inamovible, de que, mientras durara su estancia en Escocia, no vestiría otro traje más que el que ella acababa de insultar. Como es costumbre de las mujeres, su esposa tuvo la última palabra, acompañada en este caso de sollozos.

—¡Muy bien, Arthur! Por supuesto, harás lo que te plazca. Déjame en ridículo todo lo que puedas y destruye las oportunidades de tus pobres hijas en la vida. ¡A los jóvenes no les preocupa, por lo general, tener un suegro imbécil! Pero debo advertirte de que tu orgullo te traerá algún día un gran disgusto, si es que para entonces no estás en un manicomio o muerto.

Al cabo de pocos días quedó manifiesto que el señor Markam tendría que disfrutar de la mayor parte de sus paseos solo. De cuando en cuando las chicas salían a caminar con él, sobre todo a primera hora de la mañana o cuando ya se había hecho de noche, o en los días de lluvia, cuando no había nadie por los alrededores; ellas aseguraban tener ganas de salir a todas horas, pero cuando llegaba el instante siempre surgía algo que se lo impedía. En tales circunstancias jamás había manera de encontrar a los chicos, y en cuanto a la señora Markam, se negaba empecinadamente a salir con él, bajo ningún concepto, mientras su marido continuara empeñado en hacer el memo. El domingo se puso de paño negro, convencido, y con razón, de que la iglesia no era lugar para sentimientos negativos; pero el lunes por la mañana volvió a vestir su traje de las Highlands. A esas alturas le habría gustado que vestir se le hubiera ocurrido lo del traje, pero su persistencia británica era poderosa y no estaba resuelto a ceder. Saft Tammie se presentaba en su casa cada mañana y, al no poder verlo ni dejarle ningún mensaje, volvía a aparecer por la tarde, después de entregar la saca del correo, y se quedaba esperando a que saliera a pasear. Jamás dejaba entonces de advertirle sobre su vanidad utilizando idénticas palabras que las que utilizó la primera vez. Fueron suficientes unos pocos días para que el señor Markam lo considerara como una plaga.

A finales de aquella semana, la soledad obligada, el nerviosismo constante y la sensación de amenaza producida por esta consiguieron hacer sentir mal al señor Markam. Era demasiado orgulloso como para confiar su angustia a su familia, que, en su opinión, lo había tratado mal. No dormía bien por las noches y, cuando conseguía conciliar el sueño, lo acosaban continuas pesadillas. Para convencerse de que no le flaqueaba el ánimo, adoptó la costumbre de ir a las arenas movedizas al menos una vez al día, casi siempre a última hora; era lo último que hacía, cuando ya había anochecido. Puede que fuera ese hábito lo que hizo presentes de semejante modo en sus pesadillas las arenas movedizas y el casi mortal acontecimiento vivido en ellas. Las pesadillas se hicieron más y más reales, hasta el extremo de que, a veces, cuando se despertaba, le costaba creer que no hubiera estado de veras, en carne y hueso, en el mortífero lugar. Pensaba con frecuencia si no sufría sonambulismo.

Una noche el sueño fue tan real que al despertar no podía aceptar que hubiera sido nada más que eso: un sueño. Abrió y cerró los ojos varias veces, pero en cada una de ellas, la visión, si de una visión se trataba, o la realidad, si es que de la realidad se trataba, tornaba a aparecer ante él. La luna llena brillaba amarillenta sobre las arenas movedizas mientras él se aproximaba a estas; la extensión iluminada se mecía y agitada, recorrida por sombras, cada vez que la arena líquida temblaba, se estremecía, se plegaba y constituía remolinos, entre pausas marmóreas. Cuando se aproximó, alguien más lo hizo desde el extremo opuesto, con zancadas semejantes a las suyas. Se reconoció a sí mismo, y lleno de un terror mudo, impulsado por una fuerza desconocida, siguió avanzando, hechizado como un pájaro por una serpiente, embrujado o hipnotizado, al encuentro de su otro yo. Cuando sintió la mórbida arena cerrarse sobre él, la proximidad de la muerte le hizo despertar temblando de miedo y, por extraño que resulte, con la profecía del loco del pueblo resonando en su cabeza: «"¡Vanidad de vanidades! Todo es vanidad". ¡Encuéntrate contigo mismo, cara a cara, y arrepiéntete antes de que las arenas movedizas te engullan!».

Tan seguro estaba de que no había sido un sueño que se levantó, pese a lo temprano de la hora, se vistió teniendo cuidado de no despertar a su mujer, salió de casa y se encaminó a la costa. El alma se le desplomó a los pies cuando se topó con un rastro de huellas en la arena, que reconoció como las suyas. Allí estaban el mismo talón ancho y la misma puntera cuadrada; ahora no le cabía la menor duda de que, era verdad, había estado allí, y a medias horrorizado, a medias presa de un aturdido estupor, siguió las huellas hasta descubrir que se perdían al borde las blandas arenas movedizas. Le causó esto una durísima impresión, pues no había huellas de regreso, y sintió que allí residía un horrible misterio que no alcanzaba a averiguar, y cuyo intento de saberlo, temió, acabaría con él.

En semejante situación, Markam tomó dos decisiones equivocadas. En primer lugar se guardó el problema para sí, y como nadie de su familia sospechaba nada de él, cualquier palabra o comentario inocente de que hablaran representaba leña adicional que alimentaba el devorador fuego de su suerte. En segundo lugar, empezó a leer libros que le ayudaran a penetrar los misterios del sueño y de los fenómenos mentales, con el resultado de que cada opinión de cada filósofo excéntrico o medio enajenado se convertía en un germen viviente de nerviosismo que atizaba su cerebro perturbado. Para bien o para mal, todo parecía confluir hacia un único fin posible. Entre los motivos de su zozobra, y no el menor, se hallaba Saft Tammie, que a aquellas alturas se había convertido en una pesadilla constante ante la puerta de la casa a ciertas horas del día. Al cabo de un tiempo, sintiendo interés por el pasado de semejante individuo, realizó pesquisas.

Era creencia extendida que Saft Tammie era hijo de un terrateniente de uno de los condados alrededor de Firth of Forth. Había empezado a estudiar para el sacerdocio pero, por causas desconocidas, abandonó sus planes súbitamente, se trasladó a Peterhead, en los tiempos en que era una localidad próspera gracias a la caza de la ballena, y se enroló en un ballenero. Pasó varios años en la mar, volviéndose poco a poco de hábitos callados, hasta que sus compañeros acabaron protestando por lo extraño de su carácter, y él se buscó otro trabajo en las lanchas de pesca de la flota del norte. Se dedicó durante muchos años a la pesca, siempre con fama de ser «singular», hasta que acabó por instalarse en Crooken, donde el terrateniente local, conocedor sin duda de su historia familiar, le buscó un trabajo que, en la práctica, hacía de él un pensionista. El clérigo que le proporcionó esta información terminó añadiendo:

—Es muy extraño; es como si ese hombre tuviera un don especial. No sé si es el «sexto sentido» al que los escoceses son tan propensos u otra forma particular de percepción, pero aquí no ocurre ningún desastre sin que los que viven con él afirmen haberle oído comentar previamente algo a modo de predicción. Se inquieta o excita, o más bien revive, cuando acecha la muerte.

Esto ni mucho menos aminoró la preocupación del señor Markam, sino que, al contrario, grabó más profundamente la premonición en su mente. De todos los libros que leyó sobre su nuevo tema de interés, ninguno despertó más su interés que uno alemán titulado Die Döppleganger, del doctor Heinrich von Aschenberg, natural de Bonn. Gracias a ese libro supo de casos de hombres que habían vivido una doble existencia, cada parte de sí mismo escindida de la otra, un cuerpo con un espíritu por un lado, y un simulacro con su propio espíritu por otro. Basta decir que al señor Markam le pareció que esa teoría se ajustaba por completo a su caso. La percepción de sí mismo, de espaldas, la noche en que escapó de la muerte, sus huellas desapareciendo en las arenas movedizas sin indicio de huellas de retorno, la profecía de Saft Tammie acerca de encontrarse con él mismo y morir en las arenas, todo le llevaba a la conclusión de que era un caso de döppleganger. Una vez surgida la idea de una doble vida, tomó medidas para demostrar su existencia. Una noche, antes de dormir, escribió su nombre con tiza en las suelas de sus zapatos. Esa noche misma soñó que acudía a las arenas movedizas, de forma tan vívida que cuando despertó con el crepúsculo matutino no pudo creer que no hubiera estado allí en realidad. Se levantó, sin despertar a su mujer, y comprobó los zapatos.

Su firma continuaba allí, inalterada. Se vistió y salió de casa sin hacer ruido. Esta vez la marea estaba alta, así que cruzó las dunas y llegó a la costa por el extremo más alejado de las arenas movedizas. ¡Espanto de los espantos! ¡Sus propias huellas se extinguían en el abismo!

Volvió a casa destrozado y desesperado. Le parecía poco creíble que él, un hombre mayor, comerciante, que había vivido una vida larga e insulsa, dedicado a su negocio, en el seno de la bulliciosa y práctica ciudad de Londres, se viera atrapado de pronto en una telaraña de misterio y horror, y que descubriera que llevaba dos existencias. No podía compartir su problema ni tan solo con su mujer, pues sabía bien que ella reclamaría a continuación los detalles sobre esa segunda vida, de la que ella no tenía ni idea, y que eso la llevaría a acusarlo de toda clase de infidelidades. Su preocupación no cesaba de ir en aumento.

Una noche —la marea estaba alta y la luna llena— se encontraba él sentado aguardando a que le sirvieran la cena cuando la doncella le avisó de que Saft Tammie estaba armando un pequeño tumulto fuera porque no le dejaban entrar a verlo. Markam estaba indignado, pero no deseaba que la doncella pensara que sentía temor, así que dijo que lo hiciera pasar. Tammie entró con más fuerza que nunca: la cabeza erguida y una mirada resuelta en sus ojos normalmente gachos.

—Vengo a verte otra vez —dijo nada más entrar—, y ahí estás sentado, como una cacatúa en su percha. Bien, pues te perdono. Acuérdate bien: yo te perdono.

Y sin decir una palabra más, dio media vuelta y abandonó la casa dejando a Markam mudo de irritación.

Después de la cena decidió hacer otra visita a las arenas movedizas; no estaba dispuesto a reconocer ni siquiera ante sí mismo que le atemorizaba ir. Cerca de las nueve, con su traje al completo, se dirigió a la playa, atravesó la arena y tomó asiento al borde de la más próxima de las dos rocas. La luna llena se hallaba a su espalda y el brillo iluminaba la bahía resaltando la franja de espuma, la silueta negra del cabo y las estacas de las redes para salmones. Entre el brillo amarillento, titilaban como estrellas las luces en las ventanas de Port Crooken y en el distante castillo. Permaneció largo rato allí sentado, inmerso en la hermosura del lugar, y su alma recobró la paz que durante tantos días le había faltado. Todas las insignificantes molestias causadas por sus necios temores se esfumaron, y una calma bienvenida las sustituyó. Con ese nuevo estado de ánimo, grato y solemne, se replanteó cuanto había hecho hacía poco, y se avergonzó por su orgullo y el empecinamiento con que se había agarrado a ella. Tomó entonces la decisión de que aquella sería la última vez que vestiría el traje que lo había distanciado de las personas a las que amaba, y que le había acarreado tantas horas, tantos días, de nerviosismo, ofensa y dolor.

Pero nada más llegar a esta conclusión otra voz le habló y le preguntó, burlona, si alguna vez volvería a tener oportunidad de ponerse el traje, y le dijo que era demasiado tarde, que ya había tomado una decisión antes y debía cumplirla.

«No es demasiado tarde», fue la rápida respuesta de su lado positivo; y convencido se levantó para regresar a casa y despojarse de inmediato de aquel traje que ahora le parecía repugnante. Se detuvo a dirigir otro vistazo al hermoso escenario. La luz, pálida y tersa, suavizaba los perfiles de las rocas, los árboles y los tejados, oscurecía las sombras hasta un negro aterciopelado e iluminaba, como una suave llama, la marea, que había comenzado a subir y cuya cenefa se aproximaba por la llanura arenosa. Abandonó la roca y se dirigió a la costa.

Pero lo sacudió entonces un espasmo de terror, y por un momento la sangre que se le agolpó en la cabeza extinguió la luz de la luna. De nuevo, veía la fatal imagen de sí mismo, en este caso acercándose a las arenas movedizas desde la roca de enfrente. La impresión fue mayor por el contraste con la paz pasajera de la que acababa de disfrutar, y se quedó quieto, mirando la fatal imagen y las arenas movedizas entre ellos, arenas que se arrugaban, se deslizaban, se retorcían, ansiosas. Esa vez no había lugar a equivocación, porque aunque la luna, situada tras su réplica, dejara el rostro de este en sombra, Markam vio unas mejillas lampiñas, como las suyas, y el mismo bigote achaparrado, resultado de semanas sin recortarlo.

La luz iluminaba el magnífico tartán y la pluma de águila. También resplandecía el lado desnudo de la calva, a un lado de la gorra Glengarry, al igual que el broche de cuarzo ahumado en el hombro y los botones de plata. Mientras miraba, sintió que sus pies empezaban a hundirse, pues todavía estaba cerca de las arenas movedizas, y retrocedió unos pasos. Al mismo tiempo, el otro dio unos pasos hacia delante, de modo que la distancia que mediaba entre ellos siguió siendo la misma.

Quedaron uno frente al otro, como presas de una extraña atracción, y entre el barboteo de la sangre que circulaba por su cerebro Markam oyó las palabras de la profecía: «Encuéntrate contigo mismo, cara a cara, y arrepiéntete antes de que las arenas movedizas te engullan». Estaba cara a cara consigo mismo, se había arrepentido, ¡y se estaba hundiendo en las arenas movedizas! La advertencia y la profecía se cumplían.

Las gaviotas chillaban por encima de él, sobrevolando en círculos el límite en movimiento de la marea, y lo terrenal del sonido lo hizo volver en sí. Con rapidez, retrocedió unos pasos más, pues solo sus pies se habían hundido todavía. El otro caminó hacia delante, y al ponerse al alcance de mortal abrazo de las arenas movedizas comenzó a hundirse. Para Markam fue como si se viera morir a sí mismo, y la angustia que le atenazaba el alma halló desahogo en forma de un espantoso chillido. De forma instantánea, el mismo grito llegó, precedente del otro, y cuando Markam extendió los brazos, lo mismo hizo el otro. Horrorizado, lo vio hundirse más profundamente en las arenas movedizas y seguidamente, impelido por aquel poder desconocido, avanzó de nuevo para afrontar su destino. Pero cuando sus pies empezaron a hundirse otra vez, oyó de nuevo los chillidos de las gaviotas, que le hicieron recobrar el control de sí mismo. Con un extraordinario esfuerzo arrancó sus pies de las arenas movedizas que los aferraban, perdiendo un zapato en la labor, y después, preso del terror, huyó de allí, sin detenerse hasta que se quedó sin aliento ni fuerzas, y se derrumbó, medio desmayado, en el sendero herboso entre las dunas.

Arthur Markam decidió no contar nada a su familia de aquella espantosa aventura, al menos hasta no haberse repuesto totalmente. Ahora que el doble fatal —su otro yo— había sido tragado por las arenas movedizas, él recuperó su antigua paz mental, o algo parecido a aquella.

Esa noche durmió profundamente y sin soñar nada, y por la mañana volvía a ser el mismo de siempre. Parecía que su nuevo y anómalo yo había desaparecido para siempre, y, lo que era asimismo extraño, Saft Tammie no apareció esa mañana ante la puerta de la casa ni volvió a hacerlo nunca, sino que regresó a su sitio de antaño, donde miraba al vacío con mirada frágil. De acuerdo a su resolución, Markam no volvió a vestir el traje de las Highlands; una noche hizo un atado con él, incluyendo el espadón, la daga, la falda y todo lo demás, y, sacándolo a escondidas de casa, lo tiró a las arenas movedizas, que se cerraron sobre él y a continuación recuperaron la tersura marmórea. Acto seguido volvió a casa y, contento, se dirigió a toda su familia, reunida para las oraciones vespertinas.

—Queridos míos, os alegrará saber que he renunciado a la idea de vestir el traje de las Highlands. Me doy cuenta ahora de lo orgulloso y mentecato que he sido y del ridículo que he hecho. Jamás volveréis a verlo.

—¿Dónde ha estado, padre? —preguntó una de las chicas, deseosa de decir algo para que el sacrificio de su padre no encontrara solo silencio por respuesta. La contestación le fue dada con tanta dulzura que la chica se puso en pie para besar a su padre.

—¡En las arenas movedizas! —fue la respuesta—. Y confío en que mi lado anómalo también esté enterrado allí, para siempre jamás.

La familia disfrutó de su estancia en Crooken durante lo que quedaba del verano, y a su vuelta a la ciudad el señor Markam casi había olvidado todo lo referente a las arenas movedizas, hasta que un día recibió una carta de MacCallum More que lo dejó muy perplejo, aunque no dijo nada a su familia y, por diversas razones, jamás la contestó. Decía así:

MacCallum More & Roderick MacDhu
The Scoth All-Woll Tartan Clothing Mart
Copthall Court, E. C.,

30 de septiembre de 1892

Muy señor mío:

Confío en que disculpe la libertad que me tomo al escribirle, pero busco cierta información y me han informado de que ha pasado usted el verano en Aberdeenshire (Escocia, N. B.). Mi socio, el señor Roderick MacDhu —por razones comerciales, así es como figura en nuestras tarjetas y nuestra publicidad, aunque su nombre real es Emmanuel Moses

Marks y es natural de Londres— partió a principios del pasado mes hacia Escocia (N. B.) con intención de realizar un tour por el país, pero habiendo sabido nada más que una vez de él, poco después de su partida, me preocupa que pudiera haberle acaecido algún percance. Tras no haber conseguido ninguna noticia de él al cabo de mis pesquisas, me atrevo a recurrir a usted. Su carta reflejaba un profundo abatimiento y mencionaba el temor a que un castigo hubiera caído sobre él por haber deseado pasar por escocés en ese país. Aseguraba que una noche de luna llena, poco después de su llegada, había visto a su «fantasma». Se refería claramente a que antes de partir había confeccionado para sí mismo un traje de las Highlands como el que tuvimos el honor de proporcionarle a usted, y que a él, como quizás usted recuerde, tanto le atrajo. Sin embargo, cabe la posibilidad de que jamás lo haya usado pues, por lo que sé, tenía reservas de hacerlo, y hasta llegó a decirme que al principio solo se aventuraría a vestirlo tarde por la noche o a primera hora de la mañana, y solo en lugares alejados, hasta que se acostumbrara a él. Desgraciadamente no me informó de su ruta, así que desconozco por completo su paradero, y me tomo la libertad de preguntarle a usted si ha visto o tenido noticia de un traje de las Highlands semejante al suyo en la zona donde, por lo que me han dicho, alquiló hace poco una propiedad. No aguardo una respuesta a esta carta a no ser que posea usted alguna información sobre mi socio y amigo. Le ruego por tanto que no se moleste en responder salvo que cuente con motivos para hacerlo. Tengo sospechas de que él ha estado en la misma zona que usted porque, pese a que su carta carece de fecha, el sobre lleva matasellos de Yellon, que, por lo que he averiguado, está en Averdeenshire y cerca de Mains of Crooken.

Suyo afectísimo,

Joshua Sheeny Cohen Benjamin
(MacCallum More)

ÍNDICE

•FONTANA•

1. **LA DIVINA COMEDIA,** Dante
2. **EL ARTE DE LA GUERRA,** Sun Tzu
3. **LA ILÍADA,** Homero
4. **LA ODISEA,** Homero
5. **LA ENEIDA,** Virgilio
6. **EL RETRATO DE DORIAN GRAY,** Oscar Wilde
7. **LA METAMORFOSIS,** Franz Kafka
8. **FRANKENSTEIN,** Mary Shelley
9. **NECRONOMICÓN, LOS MEJORES RELATOS,** H. P. Lovecraft
10. **ALICIA EN EL PAÍS DE LAS MARAVILLAS,** L. Carroll
11. **A TRAVÉS DEL ESPEJO,** Lewis Carroll
12. **LA VUELTA AL MUNDO EN OCHENTA DÍAS,** J. Verne
13. **DRÁCULA,** Bram Stoker
14. **CUENTOS DE LA SELVA,** Horacio Quiroga
15. **EL FANTASMA DE LA ÓPERA,** Gaston Leroux
16. **LA BELLA Y LA BESTIA,** Velleneuve y Beaumont
17. **DE LA TIERRA A LA LUNA,** Julio Verne
18. **EL PROCESO,** Frank Kafka
19. **CUENTOS DE AMOR DE LOCURA Y DE MUERTE,** H. Quiroga
20. **ROMEO Y JULIETA,** William Shakespeare
21. **ASÍ HABLABA ZARATUSTRA,** Friedrich Nietzsche
22. **MANIFIESTO COMUNISTA,** K. Marx y F. Engels
23. **EL PRÍNCIPE,** Nicolás Maquiavelo
24. **EL KYBALIÓN,** Tres Iniciados
25. **MÁS ALLÁ DEL BIEN Y DEL MAL,** Friedrich Nietzsche
26. **EL ANTICRISTO,** Friedrich Nietzsche
27. **APOLOGÍA DE SÓCRATES,** Platón
28. **DIÁLOGOS,** Platón
29. **METAFÍSICA,** Aristóteles
30. **RETÓRICA,** Aristóteles
31. **ÉTICA A NICÓMACO,** Aristóteles
32. **ELOGIO DE LA LOCURA,** Erasmo de Rotterdam
33. **AURORA,** Friedrich Nietzsche
34. **AZUL...,** Rubén Darío
35. **SELECCIÓN POÉTICA,** Federico García Lorca
36. **SENTIDO Y SENSIBILIDAD,** Jane Austen
37. **EL FANTASMA DE CANTERVILLE Y OTROS RELATOS,** O. Wilde
38. **EL PRÍNCIPE FELIZ Y OTROS CUENTOS,** Oscar Wilde
39. **CORAZÓN: DIARIO DE UN NIÑO,** Edmondo de Amicis
40. **ALREDEDOR DE LA LUNA,** Julio Verne

41. LA MURALLA CHINA, Franz Kafka
42. AMÉRICA, Franz Kafka
43. EL PERRO DE LOS BASKERVILLE, Arthur Conan Doyle
44. EL DOCTOR JEKYLL Y MISTER HYDE, Robert Louis Stevenson
45. YERMA · DOÑA ROSITA LA SOLTERA, Federico García Lorca
46. SELECCIÓN DE CUENTOS, Hermanos Grimm
47. SELECCIÓN DE CUENTOS, Christian Andersen
48. EL MARAVILLOSO MAGO DE OZ, Lyman Frank Baum
49. EL CREPÚSCULO DE LOS ÍDOLOS, Friedrich Nietzsche
50. LA REPÚBLICA, Platón
51. EL CUERVO Y OTROS POEMAS, Edgar Allan Poe
52. LA MÁSCARA DE LA MUERTE ROJA Y OTROS RELATOS, E. A. Poe
53. EL CONTRATO SOCIAL, Rousseau
54. TRES ENSAYOS SOBRE LA TEORÍA SEXUAL, Sigmund Freud
55. PRINCIPIOS ELEMENTALES DE LA FILOSOFÍA, Georges Politzer
56. POPOL VUH & CHILAM BALAM
57. CANCIÓN DE NAVIDAD, Charles Dickens
58. EL INVITADO DE DRÁCULA Y OTRAS HISTORIAS DE TERROR, Bram Stoker
59. SALOMÉ & UNA MUJER SIN IMPORTANCIA, Oscar Wilde
60. INVESTIGACIÓN SOBRE LA NATURALEZA Y CAUSAS DE LA RIQUEZA DE LAS NACIONES, Adam Smith
61. EL ESCARABAJO DE ORO Y OTROS RELATOS, Edgar Allan Poe
62. HOJAS DE HIERBA, Walt Whitman
63. TAO TE KING, Lao Tse
64. MARTÍN FIERRO, José Hernández
65. MARÍA, Jorge Isaacs
66. EL ARTE DE AMAR · EL REMEDIO DEL AMOR, Ovidio
67. EL PROFETA · EL JARDÍN DEL PROFETA, Khalil Gibrán
68. DESOBEDIENCIA CIVIL Y OTROS TEXTOS, Henry David Thoreau
69. EL VALLE DEL TERROR, Arthur Conan Doyle
70. LA TEOGONÍA, Hesíodo
71. LA CASA DE BERNARDA ALBA · LA ZAPATERA PRODIGIOSA, Federico García Lorca
72. LAS FLORES DEL MAL, Charles Baudelaire
73. EL TERROR EN LA LITERATURA, H. P. Lovecraft
74. EL MUNDO COMO YO LO VEO, Albert Einstein
75. LOS MITOS DE CTHULHU, H. P. Lovecraft
76. UTOPÍA, Tomás Moro
77. EL GATO NEGRO Y OTROS RELATOS, Edgar Allan Poe
78. EN LAS MONTAÑAS DE LA LOCURA, H. P. Lovecraft
79. CUMBRES BORRASCOSAS, Emily Brontë

RECOMENDADO

ISBN: 978-84-10109-13-1 · 320 páginas